APPROCHES DE LA MÉDITATION

DU MÊME AUTEUR

LE MESSAGE DES TIBÉTAINS
ASHRAMS
YOGA ET SPIRITUALITÉ
LES CHEMINS DE LA SAGESSE
(tomes I, II et III)
MONDE MODERNE ET SAGESSE ANCIENNE
A LA RECHERCHE DU SOI
LE VÉDANTA ET L'INCONSCIENT
A la recherche du Soi II
AU-DELÀ DU MOI
A la recherche du Soi III
TU ES CELA
A la recherche du Soi IV
UN GRAIN DE SAGESSE
POUR UNE MORT SANS PEUR
POUR UNE VIE RÉUSSIE
LA VOIE DU CŒUR
L'AUDACE DE VIVRE

Sur le même enseignement

DE NAISSANCE EN NAISSANCE
LA MÉMOIRE DES VIES ANTÉRIEURES
MÈRE, SAINTE ET COURTISANE
par Denise Desjardins
ANTHOLOGIE DE LA NON-DUALITÉ
par Véronique Loiseleur
MÉTAPHYSIQUE POUR UN PASSANT
par Éric Edelmann
ALAN WATTS, TAOÏSTE D'OCCIDENT
par Pierre Lhermite

ARNAUD DESJARDINS

APPROCHES DE LA MÉDITATION

LA TABLE RONDE
40, rue du Bac, Paris 7e

ISBN 2-7103-0384-1

PRÉFACE

Cet ouvrage n'a rien d'un traité exhaustif décrivant toutes les pratiques qui peuvent être considérées comme une forme ou une autre de méditation. Cherchez ce mot dans un dictionnaire et vous verrez le nombre d'acceptions diverses sous lequel il peut être envisagé. Comme l'annonce le titre, il ne s'agit ici que de quelques approches accessibles aux hommes et femmes engagés dans la vie du siècle. Je n'ai pas évoqué les visualisations de divinités qui sont au cœur du yoga tantrique hindou ou bouddhiste ni la répétition d'une formule sacrée, telle que le japa des hindous ou le dhikr des soufis, bien que je m'y sois moi-même exercé autrefois. Par contre, cet ouvrage doit certainement beaucoup à mes premières années dans les « Groupes » issus de G.I. Gurdjieff, à Karlfried von Dürckheim et à un yogi du nom de Dattatreyananda à qui Mâ Anandamayi avait demandé de perfectionner mon expérience du yoga en 1961 et 1963.

Quant à celui qui fut plus que tout autre mon gourou, Sri Swâmi Prajnanpad, je lui dois d'avoir reconnu l'importance d'une longue ascèse, menée dans le courant de l'existence, pour tarir à leur source les perturbations et même les simples distractions du mental. L'énergie investie dans des attachements présents, dits normaux, ou périmés, dits névrotiques, est libérée peu à peu et se trouve disponible pour un retour au Centre, au Cœur.

Chercher à réaliser le Soi en conservant ses attachements est une vaine entreprise. Trop souvent, concentration (dharana) *et méditation* (dhyana) *consistent à dénier, renier ce qui est en nous. On ne peut* avoir *ni dharana, ni dhyana, ni samadhi. Ce sont des états (ou une absence d'état) qui se révèlent d'eux-mêmes lorsque les conditions intérieures sont réunies. Dans le tome III des* Chemins de la Sagesse *paru en 1973, j'écrivais déjà, page 175 : « Qui médite? Le mental. Sur quoi? Sur ce qui n'est pas le mental. N'importe qui ne peut pas conduire une voiture. Pour conduire il faut* être *un chauffeur. Pour nager il faut* être *un nageur. Pour méditer il faut* être *un méditateur. N'importe qui peut, immédiatement, s'asseoir jambes plus ou moins bien croisées, dos plus ou moins droit et rester plus ou moins longtemps dans cette position. N'importe qui ne peut pas* être *un méditateur. N'est un méditateur que celui qui peut faire silence au point de disparaître, celui qui ne demande rien, ne cherche rien, ne se souvient de rien, ne prévoit rien, ne compare rien, a renoncé à toutes les expériences transcendantes. L'égoïste n'est jamais un méditateur. Celui qui demeure prisonnier d'une méthode, d'une technique non plus. Celui qui se bat avec lui-même pour concentrer son attention encore moins. »*

Ces propos sévères mais fidèles à Swâmi Prajnanpad ont amené beaucoup de mes lecteurs ou auditeurs à conclure que je considérais l'assise immobile comme inutile. C'est faux. J'ai calculé que j'avais dû, dans cette existence, consacrer moi-même au moins quatre mille heures à la méditation. Cela paraît beaucoup vu de France. C'est peu, très peu, vu de l'Inde ou du Japon. Je souhaite que ce livre rende justice à cette « méditation » en témoignant que l'intériorisation silencieuse a sa place dans l'ensemble d'une voie que Swâmi Prajnanpad désignait comme « adhyatma yoga », yoga en direction du Soi.

Le titre de cet ouvrage précise « approches » au pluriel.

Ces approches sont nombreuses. Même le but vers lequel elles pointent peut être envisagé intellectuellement de diverses manières qui ne se contredisent qu'en apparence. Et, pour commencer, ce but peut être légitimement présenté comme un non-but ou une absence de but.

Il s'agit toujours d'une découverte intérieure, d'une réalisation personnelle mais supra-individuelle, celle de l'essence ultime de notre conscience ou de notre esprit. Pour s'en rapprocher, il nous est proposé de nous centrer dans le « hara » (bas-ventre), dans le cœur ou, au contraire, de surtout ne nous centrer nulle part pour redonner à l'« Esprit vaste » sa dimension infinie. Le néophyte peut être dérouté, désemparé même, en présence de ces divergences.

L'important est de suivre une voie et d'être guidé sur cette voie. Les bouddhistes utilisent le terme « véhicule » ou « radeau pour passer sur l'autre rive ». Personne n'a jamais accompli un voyage simultanément dans deux véhicules différents et les « pièces détachées » d'un modèle ne s'adaptent que rarement à un autre.

Ce qui est évoqué ici n'est pas un syncrétisme mais une synthèse. Quant aux formes ultimes, ou plutôt au sans-forme ultime de la méditation il se transmet de maître à disciple.

Composés à partir de paroles enregistrées au magnétophone, les chapitres qui vont suivre en ont les inconvénients : défauts de structure et redites car la même idée peut être reprise dans des contextes ou selon des points de vue différents – et les avantages : abord familier s'adressant directement au lecteur comme à l'auditeur. J'ai voulu en faire un ouvrage concret, fondé sur l'expérience et susceptible de rendre service.

Ce livre est une simple introduction à un monde qui le dépasse infiniment.

Première partie

VUE D'ENSEMBLE

1

CONCENTRATION ET MÉDITATION

La méditation immobile, qui tient une place capitale dans le yoga ou dans la voie du zen avec le zazen, ne joue pas apparemment un rôle aussi important sur le chemin décrit dans mes différents livres. Tous ceux qui pratiquent une forme ou une autre de méditation se heurtent à des difficultés – agitation intérieure, distraction, associations d'idées – qui vont à l'encontre du propos de la méditation et mon propre gourou, Swâmi Prajnanpad, considérait qu'on ne pouvait efficacement méditer qu'après avoir érodé dans l'existence un grand nombre de ces difficultés ou obstacles intérieurs. Pourtant il est normal que vous cherchiez tous à comprendre quelle place la méditation peut tenir dans votre propre ascèse.

La première chose à dire, c'est que le mot français méditation recouvre des activités très différentes qu'il ne faut pas confondre. Certaines méditations sont tout de suite accessibles aux débutants et d'autres ne sont fructueuses que pour les méditants entraînés qui ont déjà progressé sur le chemin de la simplification et du dépouillement intérieurs.

La véritable méditation est une activité non seulement différente mais même, en un sens, opposée à toutes celles que nous connaissons. Qui dit activité dit faire quelque chose et la méditation consiste avant tout à ne pas faire, tout en étant présent à soi-même, vigilant, intensément éveillé.

Pour comprendre l'essence de la méditation, il faut se souvenir de cette affirmation que nous sommes déjà ce que nous aspirons à être mais que nous n'en sommes pas conscients. Vous connaissez l'image que j'ai si souvent employée : « Nous sommes tous déjà nus sous nos vêtements. » Du fait des vêtements notre nudité demeure invisible, mais celle-ci n'est pas à projeter dans le futur comme le fruit de nos efforts ou l'effet de certaines causes, elle est là. Il y a simplement à la découvrir, à la révéler. C'est ce qui ne doit jamais être perdu de vue en ce qui concerne la méditation. Alors que dans la vie courante toutes nos tentatives visent toujours à mettre en œuvre des causes pour produire certains effets, dans la méditation il n'y a pas à produire, il y a à découvrir.

Ceci dit il existe plusieurs approches qui ne doivent pas être confondues. D'abord il faudrait faire, en français même, une distinction entre concentration et méditation et bien distinguer les exercices préparatoires de la méditation elle-même. Dans les exercices préparatoires ou les différentes pratiques de concentration il y a quelque chose à « faire » et à cela nous sommes tous habitués.

Envisageons d'abord la forme supérieure de la méditation avant d'examiner quelles peuvent être les étapes préparatoires. Celle-ci représente un mouvement inverse du mouvement habituel de l'attention, aussi bien physiquement, émotionnellement que mentalement; un mouvement qui ne va plus vers la surface ou vers la périphérie, mais au contraire de la périphérie vers le centre et de la surface vers la profondeur : il s'agit d'une inversion de notre intérêt, de notre possibilité de conscience, pour chercher à ressentir cette réalité que nous sommes déjà, recouverte par les perceptions et conceptions habituelles dans le monde du temps, de l'espace et de la causalité.

La méditation est donc un non-agir, un silence, une immobilité intérieure, un vide, qui ne nous sont pas normalement accessibles. Méditer, pendant longtemps, revient à demander l'impossible. Il y a en nous des dynamismes qui nous ramènent dans l'action : penser est une action, avoir envie de bouger est une action ou une pulsion à l'action.

Vide, silence, immobilité, non-agir, pure conscience, présence à soi-même dépouillée de tout concept, c'est la recherche du « je suis » essentiel, libéré de ce qu'on appelle en sanscrit *upâdhis*, les attributs surajoutés. Le « je suis » pur est plus profond même – non pas au-delà mais en deçà – que « je suis un homme » et « je suis une femme ». Il est la conscience non affectée par la matérialité, tout ce qui est mesurable, c'est-à-dire l'ensemble des phénomènes qu'ils soient grossiers ou subtils. C'est donc la recherche d'un état de conscience inhabituel et généralement inconnu, non dépendant, absolu, qui n'est en relation avec rien. Tous ceux qui en ont l'expérience peuvent témoigner que ce « vide » est ressenti comme la richesse, la plénitude suprême à laquelle aucune joie ordinaire, même la plus pure, la plus grande, ne peut être comparée.

Mais dès qu'on tente ce silence, cette prise de conscience très pure de l'essence de notre être, on constate qu'on se trouve harcelé par des pulsions, des colorations émotionnelles et, plus particulièrement, les associations d'idées, les pensées diverses.

Eh oui! Il n'y a pas une Écriture bouddhiste, hindoue, soufie ou chrétienne, dualiste ou non dualiste, concernant la méditation, la contemplation, la prière, qui ne revienne pas sur ce thème : normalement l'être humain est capable d'immobilité physique mais incapable d'immobilité mentale. C'est une constatation. Est-il tellement nécessaire de découvrir cette immobilité mentale? Vous pouvez vous poser la question. Mais si vous en ressentez la justification et la nécessité, vous ne pouvez pas méconnaître combien cela s'avère difficile. Comme c'est intéressant à constater : je ne peux pas arrêter de penser, des distractions surviennent sans cesse.

Il existe donc des exercices considérés comme préparatoires, qui sont en fait des pratiques d'entraînement de l'attention à ne pas confondre avec les sommets de la méditation. Comment puis-je arrêter le vagabondage des pensées et maintenir mon attention sur une forme : une image, une sensation ou une idée? Ces exercices supposent une action et non pas une non-action et on ne les range généralement pas sous le vocable de méditation mais de concentration, en sanscrit *dharana*. Là un effort précis intervient. Je ne proclame certes pas que ces tentatives de concentration sont vaines et stériles; j'essaie simplement de donner une vue assez complète et cohérente afin que vous puissiez comprendre ce que les diverses formes de méditation peuvent ou non vous apporter. Étant donné la puissance de cette agitation mentale qui a toujours assailli ceux qui tentent de méditer (et qui assaille beaucoup plus les hommes et les femmes d'aujourd'hui que ceux à qui s'adressaient les Yoga Sutras), il est proposé des supports, des points d'appui auxquels on essaie d'accrocher son attention. On appelle *ekagrata* en sanscrit l'attention centrée sur un seul point. Vous entendrez aussi en anglais les mots *focus*, qu'on utilise pour la mise au point en photographie, et *one-pointed mind*, la pensée non plus dispersée à droite et à gauche mais immobilisée sur un point.

Tout a été expérimenté dans cette direction : soit que vous tentiez la concentration sur un objet extérieur à vous, soit que vous la tentiez sur une réalité intérieure à vous. L'objet extérieur à vous peut être simplement un point dessiné sur une surface vide – je concentre mon regard sur ce point et je ne veux plus perdre la conscience de ce point – ou bien un symbole, une image, qui vous touche affectivement. Il peut s'agir d'une représentation concrète (je contemple très attentivement l'image d'une divinité tantrique tibétaine ou de Krishna ou de Vishnou avec tous leurs attributs symboliques) ou la visualisation d'une forme (je me représente avec méthode et rigueur cette image, jusqu'à ce que toute ma pensée converge dans la vision intérieure de celle-ci). Avec l'entraînement, on peut obtenir devant les yeux intérieurs une image aussi précise que si l'on regardait une peinture, une idole comme disent les hindous sans la moindre connotation péjorative. On a constaté qu'un des meilleurs supports de concentration était la flamme d'une bougie, à la fois stable et changeante, sur laquelle le cerveau humain avait une certaine facilité à se fixer. Ces techniques concernent donc un objet extérieur à vous, même si vous prenez comme thème de concentration le Christ, Krishna, la Croix, une réalité dite spirituelle.

Vous pouvez aussi tenter de diriger votre attention sur une réalité intérieure à vous. Les points d'appui intérieurs les plus connus sont le va-et-vient naturel, spontané de la respiration ou tel ou tel centre dans l'organisme, tel ou tel *chakra* (*lafita* chez les soufis) ou encore la sensation du corps à travers le relâchement musculaire profond. Nous tournons notre intérêt vers une seule réalité et nous essayons de couper à la source dès qu'elles se présentent les pensées annexes, non voulues, adventices. Cela nous est plus ou moins facile. Tous ceux qui l'ont tenté ont leur mot à dire là-dessus.

L'exercice de base que j'ai retrouvé partout et qui est le point de départ de toutes les formes de yoga consiste à fixer l'attention sur la sensation du corps liée au relâchement profond. Il relève directement de la concentration, c'est-à-dire l'absence de distractions. Si je propose cet exercice, c'est parce que, l'ayant beaucoup pratiqué moi-même, j'en connais à la fois les limites mais aussi la valeur. Il permet la prise de conscience de plus en plus fine de notre être incarné, au niveau des différents *koshas* : niveaux physique, physiologique, psychologique. L'attention se trouve intériorisée au lieu d'être fixée sur quelque chose d'autre que nous à quoi nous cherchons à nous identifier. Être conscient de l'inspiration et de l'expiration offre aussi une possibilité de ressentir plutôt que de penser. Si nous sommes unifiés avec ce va-et-vient de la respiration, silencieusement conscients de ce flux et de ce reflux, nous nous rapprochons de plus en plus de la source même de cette respiration qui, notoirement, n'est pas le cerveau ordinaire. La respiration peut être contrôlée par le cerveau si je décide d'arrêter de respirer ou de respirer plus lentement mais normalement la respiration est commandée par un autre centre en nous.

Il est possible enfin d'attacher son attention au mouvement de l'énergie en nous : en même temps qu'on expire, on perçoit une énergie fine *(prana)* qui se répand dans tout l'organisme et on peut même se représenter qu'elle se concentre particulièrement dans telle ou telle partie du corps; normalement c'est la base de notre structure, le bassin, le ventre *(hara)* qui est le centre de gravité physique naturel.

Il y a donc dans ce genre de pratiques non pas une identification mais une identité, une non-dualité avec différents aspects de nous-mêmes, qu'il s'agisse de la sensation du corps, de la respiration ou de l'énergie en nous. Certains jours, la concentration s'avère aisée, certains jours impossible. Ceci dit, comme tout ce à quoi on s'exerce, on progresse. Et le fait qu'on progresse peut même être désavantageux en nous donnant l'impression qu'il n'y a qu'à continuer pour atteindre le but ultime et nous établir un jour dans l'atman. Non, c'est une erreur. Dans ce genre de tentatives, quelle que soit leur valeur, le sens même de l'ego n'est pas mis en cause. Cette attention n'est pas la perfection du silence intérieur. C'est moi, tel que je me connais, avec ce que j'aime, ce que je n'aime pas, moi avec ma conscience individualisée, séparée, qui oriente délibérément mon attention dans une certaine direction. Voyez bien ce point : la concentration ne remet pas en question l'état de conscience ordinaire. Elle donne simplement une perception de soi plus calme, plus stable, un point d'appui pour se retrouver soi-même, une aide précieuse pour vivre moins emporté par les émotions.

Vous avez en effet un petit pouvoir, pas très grand au

départ, sur votre attention et c'est sur celui-ci que repose toute la possibilité d'une sadhana. Vous pouvez demander à cette attention de se fixer sur un thème ou sur un autre, de s'orienter dans une direction particulière. Mais dans ces premières tentatives de concentration, il y a *moi* (mon attention) et *un objet*, extérieur ou intérieur. Il subsiste une dualité, même entre ce que vous pouvez ressentir comme le moi le plus profond qui vous soit accessible aujourd'hui et ce corps dont vous approfondissez la sensation ou ce mouvement de la respiration, ou la flamme de cette bougie ou même l'image du Christ ou du Bouddha.

Ici intervient un terme que vous lirez ou entendrez souvent si vous écoutez des conférences de swâmis et sur lequel nous devons être très clairs, c'est le mot identification. On dit que le méditant « s'identifie » à l'objet de sa méditation. Et cette « identification » est présentée comme le but recherché entre tous. Voilà un point qui doit être examiné de près. D'abord parce que ce mot identification, je l'utilise dans le même sens que Swâmi Prajnanpad et que Gurdjieff dans le livre : *Fragments d'un enseignement inconnu*, pour désigner, au contraire, ce à quoi nous tentons d'échapper. Tout notre effort tend à nous désidentifier et voici qu'on nous propose l'identification à l'objet de la méditation comme le beau du beau. Car il est possible de se sentir devenir ce sur quoi on concentre suffisamment longtemps et suffisamment souvent son attention.

A cet égard on raconte en Inde une histoire célèbre mais sur laquelle on ne doit pas se méprendre car elle nous est généralement présentée sous un jour tout à fait favorable. C'est l'histoire du jeune garçon fort peu instruit et qui veut absolument méditer dans un ashram. Le gourou lui propose certains thèmes de concentration qui ne donnent aucun résultat. Il est tout le temps distrait, il n'arrive pas à fixer son attention. Alors le gourou change de méthode et lui demande : « Mais à quoi est-ce que tu penses le plus? » Réponse typiquement hindoue : « A ma vache! » « Bien, lui dit le maître, puisque tu as une propension naturelle à penser plus à ta vache qu'à Krishna, concentre-toi sur ta vache! » Au bout de huit jours, le gourou fait appeler le jeune aspirant pour faire le point avec lui : « Le maître te demande! » Et le garçon répond : « Je ne peux pas sortir, mes cornes ne passent pas par la porte! » Sous-entendu : il s'est identifié à sa vache, magnifique résultat, car si au lieu d'avoir médité sur sa vache, il avait médité sur Krishna, il se serait identifié à Krishna, il serait devenu Krishna – Dieu Lui-Même.

Des milliers d'admirateurs de la tradition hindoue s'extasient devant cette histoire en rêvant de s'identifier eux aussi à l'objet de leur méditation. Et il y a là un risque grave, et même très grave de confusion et d'erreur. Comme le disait Swâmiji : « Dans chaque asile psychiatrique un certain nombre de malades mentaux se prennent pour Dieu et personne n'aurait l'idée de les considérer comme des sages ou des êtres réalisés. » Une des formes les plus grossières et les plus connues de la folie, c'est de se prendre pour Javarlal Nehru, pour Gandhi, Hitler – ou pour Krishna. Il est impératif de faire rigoureusement la distinction entre identification et identité. L'identification c'est vous prendre pour ce que vous n'êtes pas. Découvrir votre réelle identité c'est découvrir ce que vous êtes, foncièrement, essentiellement, intrinsèquement, ce qui ne peut donc en aucune manière vous être enlevé ou être détruit mais simplement recouvert, comme le silence est recouvert par les bruits divers. L'identité correspond à ce que vous êtes réellement, ce qui demeure toujours identique à soi-même, qui échappe aux changements, au devenir, aux contradictions – votre propre Soi, indépendant de toutes les catégories de fonctionnements psychiques. Il s'agit de la découverte de *notre* réalité essentielle qui est aussi *la* réalité essentielle. Et la communion, la non-dualité, « être un avec », ces expressions qui jouent un si grand rôle sur notre chemin ici, sont tout à fait autre chose que ce qu'on entend communément par l'identification à l'objet de la méditation. Qu'au départ il y ait une idée juste de non-dualité, je ne le nie pas, mais je parle des compréhensions courantes et aberrantes que j'ai rencontrées sur ma route pendant des années.

Avec toute la tradition védantique, j'insiste sur la recherche de votre propre essence, *your own Self*, la réalité ultime de votre être – votre nature originelle disent les bouddhistes, le Soi disent les hindous. Ces mots sont clairs. A quoi d'autre que nous-même allons-nous chercher à nous identifier? Si vous pouviez méditer sur le Soi – mais est-ce possible, tant il est difficile de se représenter le Soi, d'en faire un objet? – vous pourriez vous identifier non pas à ce que vous n'êtes pas, c'est-à-dire Krishna ou une vache, mais à ce que vous êtes, donc découvrir votre véritable identité. Pourquoi vous identifier à un objet extérieur à vous, s'il s'agit de découvrir simplement ce que vous êtes et si c'est là l'essentiel de la méditation? L'histoire « mes cornes ne passent pas par la porte » est simplement destinée à montrer la puissance de la pensée, la puissance de la concentration que peut produire la persévérance dans la fixation de l'attention sur un seul point. Mais méfiez-vous des méditations dualistes sur un objet autre que vous. Elles ne peuvent être que préparatoires et il vaut mieux choisir un objet intérieur, comme la sensation du corps ou le mouvement de la respiration, parce qu'au moins vous intériorisez votre prise de conscience et vous unifiez la tête et le corps sous le même « joug ».

Donc la méditation – et non plus la concentration – est au contraire un non-agir : juste être. Et pour cela il faudrait ne plus penser, demeurer établi dans le silence, ce qui ne se révèle pas facile. Et c'est pourtant, dès le départ, ce que vous pouvez au moins concevoir et ce que vous pouvez commencer à chercher, en sachant qu'il y aura beaucoup d'obstacles et que ceux-ci ne doivent pas vous décourager. Le Chemin, tout le Chemin en un sens, peut être considéré comme la levée des obstacles à la véritable méditation.

Dans cette direction, il existe des formes de méditation

selon la forme apophatique ou négative : je ne suis pas ceci, je ne suis pas cela, ce qu'on appelle communément le « neti neti » des Upanishads : je ne suis pas ce corps physique périssable, je ne suis pas cette émotion changeante, je ne suis pas cette pensée, ni la suivante. Je ne suis pas tout ce à quoi normalement je m'identifie. Pour certains cette démarche se révèle fructueuse, pour d'autres elle aboutit au contraire à l'échec et au mensonge.

La méditation védantique non dualiste peut faire grandir à votre insu un certain orgueil : « Je suis le Soi, je suis la Réalité suprême. » C'est une question de disposition personnelle et cette approche demeure certainement fondamentale : se détacher de toutes les perceptions et conceptions. Non seulement je ne suis pas le corps, je ne suis pas les pensées mais : je ne suis pas médecin, je ne suis pas professeur, je ne suis pas père de famille, ce sont seulement des rôles. Une intelligence (*buddhi*) aiguë (*agra*) et subtile (*sukshma*) permet la discrimination (*viveka*) entre d'une part ces conditionnements adventices, ces attributs, ces prédicats, et d'autre part la réalité essentielle.

Mais la forme la plus juste de la méditation serait – j'utilise le conditionnel parce qu'elle ne vous est peut-être pas accessible tout de suite – de rechercher simplement l'immobilité et le silence intérieurs. Une approche qui se retrouve à peu près dans toutes les traditions consiste non pas à décider de ne plus avoir, au moins pendant une heure, de distractions et d'associations d'idées mais au contraire à les accepter et à *voir* ce jeu des pensées, puisque vous ne pouvez, en fait, les éviter. Il va donc falloir composer avec elles. Par exemple, ne vous y trompez pas, l'immobilité du zazen recouvre pendant longtemps des tempêtes intérieures. Des paroles du genre : « Ne pensez à rien, faites le vide en vous! » sont absurdes parce qu'elles demandent l'impossible.

Le zazen c'est avant tout la posture. L'expérience confirmée de générations de maîtres et de moines a montré l'importance de cette posture très rigoureusement assumée :

les genoux appuyés sur le sol, la tenue de la colonne vertébrale, la nuque ferme, la position des mains représentée sur nombre de statues, avec la main gauche sur la main droite et les deux pouces qui se touchent, ni baissés ni relevés, juste droits. Je ne bouge plus, quoi qu'il arrive et je ne laisse pas non plus les distractions submerger la conscience de la posture : ni m'affaisser, ni agiter les doigts. Et, à l'intérieur de cette immobilité physique, le psychisme peut se déchaîner : des tourbillons de pensées, de peurs, de désirs, des angoisses, des envies irrésistibles de bouger. La règle du jeu est simple : « Je ne bouge pas, je me concentre sur la posture et en même temps je vis ces tempêtes. » C'est possible, ce n'est pas au-dessus de vos forces, vous y arriverez plus ou moins bien suivant les jours. Vous laissez faire, on ne s'identifie pas, on est dans ce que l'Inde appelle traditionnellement la position du témoin (*sakshin*). Et peu à peu vous vous apercevrez que ces tempêtes s'apaisent, qu'il arrive que pendant cinq, dix minutes, il n'y ait plus une pensée, ou simplement une pensée qui passe dans le cerveau et disparaît, et vous commencez à expérimenter le substrat ou le fondement, c'est-à-dire la conscience pure.

A cet égard, une image très souvent utilisée mais dans un sens un peu différent de celui que je lui donne généralement, est celle des vagues et de l'océan, appliquée dans ce cas au monde de la conscience : on peut considérer la conscience pure comme l'océan et toutes les pensées, pulsions, volitions, formes de conscience – ce qu'on appelle techniquement, dans le yoga de Patanjali, *vritti* (tourbillons) – comme des vagues. Ces vagues naissent de cette conscience et elles retournent à cette conscience. Généralement nous n'avons que l'expérience des vagues, c'est-à-dire des formes de conscience et non l'expérience de l'océan, de la conscience, infinie.

*
* *

Il y a en fait deux grandes directions. L'une qui est la conscience immobilisée sur un unique objet, extérieur ou intérieur, fût-ce l'objet le plus dépouillé : le Soi. L'esprit est concentré, comme – image connue – les rayons du soleil le sont au travers d'une loupe jusqu'à enflammer une feuille de papier. Et l'autre démarche – chacune ayant des variantes – c'est : « Je n'interdis pas le vagabondage des pensées, des perceptions, des sensations intérieures, des mouvements émotionnels, mais je ne m'identifie pas; je laisse faire, je ne lutte pas, je n'interfère pas, je regarde, je vois, je demeure simplement spectateur. » Dans cette approche, on ne cherche plus à immobiliser la pensée mais à être le spectateur des associations d'idées au lieu de tenter de les éliminer.

Une autre image est celle d'un observateur assis sur la rive qui regarde couler un fleuve à la surface duquel on verrait passer un cadavre de rat mort ou une branche d'arbre, une mousse, une écume. Toute image a son utilité mais peut aussi avoir son inconvénient si elle est mal comprise. Cette immobilité intérieure, celle du spectateur assis sur la rive, ne doit pas être interprétée comme une immobilité figée mais comme une grande capacité, une grande fluidité même, pour pouvoir suivre tout ce qui se passe en nous sans créer le moindre conflit ou refus. « Moi, je ne suis pas concerné », cette attitude peut très vite devenir mensongère. Ce n'est nullement le Soi inaffecté qui se révèle, c'est l'ego qui en fait est très concerné en affirmant qu'il ne l'est pas pour mieux se couper du vécu intérieur et pour mieux se protéger.

Cette position de témoin est une dissociation, mais non une dualité, tant le témoin est neutre, sans aucun jugement, aucune appréciation des pensées nobles, aucun mépris pour les pensées vulgaires, juste témoin. Certes je vous conseille cette forme de méditation mais ce n'est pas la seule qui puisse, à un moment ou à un autre, vous aider à progresser. Tout dépend de la personne, et de l'étape qui est la sienne dans la *sadhana.*

Je veux partager ma propre expérience. Pendant quinze ans, de 1949 à 1964, je n'ai tenté que des méditations sous forme de concentration de l'attention, attirant de temps en temps un état de grâce – et bien des luttes ingrates. Je m'en suis ouvert à un maître tibétain, un vieux yogi du nom d'Abo Rimpoché (qu'on voit pratiquer quelques exercices dans le film *le Message des Tibétains* et qui avait déjà au moins quatre-vingt-dix ans à l'époque) et, avec l'aide de Sonam Kazi, l'interprète, j'ai pu obtenir de lui des réponses tout à fait précises. Abo Rimpoché m'a conseillé : « Changez complètement de méthode! Ne tentez plus de concentrer votre attention, laissez venir les distractions. » *Let them come*, a traduit Sonam, *let them go*, « laissez-les venir, laissez-les partir! »

Trois ou quatre mois plus tard, je séjournais, pour la première fois auprès de Swâmi Prajnanpad, tout à fait surpris que celui-ci ne me propose pas de méditer ou ne paraisse pas s'intéresser particulièrement à mes tentatives de méditation. Je lui fais part de cette même difficulté, et Swâmiji me dit exactement les mêmes mots : « *Let them come, let them go!* » C'était une chose heureuse en soi de voir un vieux yogi tibétain et Swâmi Prajnanpad me donner la même instruction. Puis Swâmiji a précisé : « *Let them come, they will go!* », « Laissez-les venir, elles s'en iront. » Tout ce qui vient s'en va, tout ce qui apparaît disparaît.

Deux ans plus tard, en 1967, je me trouvais en face d'un maître nyingmapa, le plus grand peut-être, Dudjom Rimpoché. Celui-ci me présente comme la méditation tibétaine supérieure une démarche différente de la visualisation des divinités tantriques ou la concentration sur les différents aspects d'un mandala. Il me dit dans un langage très simple : « Représentez-vous le vide, *shunyata* (un des mots les plus importants du bouddhisme mahayana) comme l'immensité vide du ciel bleu le jour (parce que nous savons bien que le ciel n'est pas vide mais plein d'étoiles). C'est l'océan de conscience duquel naissent et auquel retournent les vagues des perceptions, des conceptions, des pulsions, des volitions, tout ce qu'on peut nommer, étudier. Dans ce ciel vide passe un oiseau. Pouvez-vous être et demeurer une conscience large, vaste, ou est-ce que, malgré vous, la pensée va se concentrer sur l'oiseau? » Une image m'est venue à l'esprit, celle d'un objectif à focale variable, un zoom, en photographie ou cinématographie : nous partons d'une courte focale, d'un grand angle, et nous transformons notre objectif en télé-objectif qui ne saisit plus qu'un détail. Dudjom Rimpoché a poursuivi : « Si cet oiseau est très attirant pour vous, de splendides couleurs, un plumage merveilleux, vous oubliez le ciel, vous ne voyez plus que l'oiseau; votre attention est, sans que vous l'ayez décidé, concentrée sur l'oiseau, oubliant le firmament que traverse cet oiseau. Et si l'oiseau au contraire a pour vous une apparence repoussante (j'ai pensé à un vautour avec son cou déplumé et des morceaux de viande pendant à son bec), par le refus même le mécanisme est identique; vous oubliez la conscience du ciel et votre attention se concentre sur cet oiseau pour le refuser. »

Si vous êtes en contemplation devant le ciel bleu, immense, infini, vide, sans forme si ce n'est la couleur bleue, votre conscience prend momentanément la forme de ce ciel et devient, elle aussi, vide et silencieuse. Votre attention se tourne vers cette immensité vaste et vide du ciel et votre conscience perd ses limites. Vous pourriez penser : « Il y a identification de la conscience au ciel bleu puisqu'elle prend la forme de ce ciel et l'on retombe dans l'obstacle qu'Arnaud soulignait tout à l'heure. » Non, parce qu'à part sa couleur le ciel n'a justement aucune forme; il est illimité, il est sans changement, il est vide, ce qui correspond à la nature essentielle de notre propre conscience. On ne peut pas dire qu'il y a là l'erreur d'une aliénation dans laquelle je me prends pour le ciel bleu. Le fait de contempler ce ciel me ramène à ma réalité essentielle qui est aussi de n'avoir aucune forme. Il y a donc là un point d'appui particulier mais juste – ou plutôt un non-point d'appui. Mais il serait souhaitable que vous puissiez aussi retrouver cette forme vide de la conscience même si vous n'avez pas la possibilité d'entrer en communion avec la vastitude du ciel au-dessus de vos têtes.

Voyez comment les plus grands maîtres peuvent utiliser les images les plus simples. C'était la même directive, exprimée à trois reprises par Abo Rimpoché, par Swâmiji lors de mon premier séjour auprès de lui et, deux ans plus tard, par Dudjom Rimpoché : être conscient mais une conscience vide, pure, tout en sachant que nous ne pourrons pas demeurer dans ce silence; accueillir complètement les distractions, au lieu de les considérer comme des ennemis qui viennent nous distraire dans notre concentration, et regarder. On retrouve la même approche dans le zazen que j'ai découvert trois ou quatre années plus tard au Japon. Swâmiji n'exigeait pas la même rigueur dans la posture que les maîtres zen, encore qu'une posture « stable et agréable », comme disent les Yoga-Sutras de Patanjali, soit une nécessité sur le Chemin, même s'il faut des mois, ou peut-être des années pour se reconditionner physiquement et pouvoir demeurer longtemps immobile et détendu. Cette dissociation entre ce qu'on appelle techniquement le témoin et le phénomène est le thème d'un ouvrage hindou classique très connu, traduit en anglais et en français : *Drik drishya viveka*, « La discrimination du spectateur et du spectacle ». Le spectacle est extérieur bien sûr, mais il est surtout intérieur. Si nous étions enfermés dans une cellule obscure, coupés d'à peu près toutes les perceptions et sensations, le cinéma intérieur ne s'en déploierait pas moins, justifiant cette discrimination du spectateur immuable et du spectacle changeant en nous.

Concrètement, dans cette vue d'ensemble résumée à partir de laquelle vous pouvez situer ce que vous lirez et ce dont vous entendrez parler, quelle tentative de méditation peut vous être utile à vous? C'est ce que nous allons voir maintenant, en considérant que nous utilisons le mot méditation dans son sens le plus large : un homme s'assied, sans point d'appui extérieur, pour un quart d'heure, une demi-heure ou plusieurs heures, suivant ses dispositions et ses possibilités, et s'immobilise.

Deux pratiques sont donc à votre disposition. L'une c'est une certaine concentration aussi détendue que possible sur des points d'appui intérieurs : sensation de soi, conscience du jeu naturel de la respiration. L'énergie en vous s'exprime sous trois formes : physique, émotionnelle et mentale. Ce sont trois niveaux de fonctionnement. Vous pouvez très bien distinguer une sensation, plaisante ou déplaisante, d'une émotion. Vous pouvez éprouver une sensation, et même une sensation déplaisante, sans aucune émotion. Le niveau de fonctionnement sur lequel vous avez le moins de pouvoir, pour ne pas dire aucun pouvoir, c'est l'émotion. Vous avez un petit pouvoir sur le corps. Vous pouvez vous demander de vous mettre debout, de vous rasseoir, et vous pouvez même vous demander de rester immobiles physiquement. Après tout, une sentinelle le fait, pas seulement un moine zen. J'ai regardé, lors d'un voyage à Moscou, les jeunes militaires russes qui se relaient nuit et jour devant le mausolée de Lénine. A partir du moment où ils ont pris leur poste pour une heure, ils deviennent pareils à une statue. Si un jeune soldat soviétique peut le faire pour la mémoire de Lénine, nous pouvons le faire pour notre grand but à nous. Vous pouvez vous demander une certaine immobilité physique, à moins d'être atteints de la maladie de Parkinson qui oblige à trembler sans arrêt.

Vous avez également un petit pouvoir sur vos pensées en ce sens que, dans n'importe quelle circonstance, même si vous êtes sens dessus dessous moralement, vous pouvez vous demander, au moins quelques minutes : « Je vais penser à tel thème particulier » – celui que vous voudrez – « maintenant pendant deux minutes je vais me représenter mon appartement à Paris : voilà l'entrée, voilà le tableau qui est dans l'entrée, la porte sur la droite... » Et puis vous allez être distraits parce que votre attention n'a pas du tout l'intention de se concentrer sur l'appartement de Paris, elle veut revenir à cette facture que vous ne pouvez pas payer ou à cette femme dont vous êtes tombé amoureux.

Vous avez donc un certain pouvoir sur le corps, un petit pouvoir sur les pensées, mais pas de pouvoir direct sur l'émotion. Aucun être malheureux ne peut donner l'ordre à son émotion : « Maintenant pendant trois minutes, tu es très heureux! » Pendant trois minutes tu ne bouges plus, c'est possible; pendant trois minutes tu ne penses qu'à ton appartement et à rien d'autre, c'est possible. Mais celui qui est vraiment malheureux ne peut pas à volonté se sentir heureux. Un principe efficace, à propos duquel les erreurs grossières qui nous menacent toujours dans toutes nos tentatives peuvent être évitées, consiste à réunir intérieurement les deux niveaux de fonctionnement sur lesquels vous avez un petit pouvoir, le corps d'une part et la pensée de l'autre.

Et le plus souvent, au bout d'un moment, dix minutes, un quart d'heure, une demi-heure, l'émotion finit par participer à votre réunification. L'émotion du moment – l'impatience, la tristesse, l'inquiétude, la joie d'une bonne nouvelle – s'apaise et les trois niveaux de fonctionnement, les trois centres, sont mis momentanément sous le même joug, sont en yoga. A cet égard l'image utilisée en Inde est celle de l'éléphant sauvage encadré par des éléphants dressés. On a constaté que pour faire voyager un éléphant sauvage qui vient d'être capturé, il suffisait de le placer entre deux éléphants dressés et qu'il marchait alors tranquillement avec les deux autres, s'arrêtait en même temps qu'eux et repartait quand ils repartaient. De même, on peut encadrer l'émotion par les deux éléphants au moins quelque peu apprivoisés du corps et de la pensée. La pensée, au lieu de se laisser happer par n'importe quel objet, s'unit à votre corps physique par la sensation que vous pouvez avoir de ce corps. Plus les muscles sont profondément relâchés (et ce relâchement progresse par l'exercice et la pratique), plus vous portez votre attention sur telle ou telle partie du corps ou sur sa totalité, plus vous pouvez avoir une sensation interne précise de votre corps et retrouver celle-ci même dans le courant de vos activités.

Vous pouvez aussi de la même manière, pour associer la pensée au corps, pour donner à celle-ci un centre d'intérêt afin qu'elle ne vagabonde pas, unir cette pensée à la conscience de la respiration. Là il ne s'agit pas d'un exercice dans lequel nous modifions particulièrement la respiration, au contraire. Vous laissez la vie respirer en vous, comme vous respirez depuis le déplissement des alvéoles pulmonaires quelques minutes après votre venue au monde. Vingt-quatre heures sur vingt-quatre, malades ou en bonne santé, éveillés ou endormis, nous respirons. Vous laissez donc le « souffle » respirer et vous êtes « un avec » le mouvement de la respiration. Si vous voulez employer le mot au sens de certains livres, nous nous « identifions » au flux et au reflux de l'inspiration et de l'expiration, donc par là à l'énergie de vie fondamentale qui nous anime depuis qu'un ovule et un spermatozoïde ont fusionné. Qu'est-ce qui donne au cœur l'ordre de battre? Ce n'est pas nous! Qu'est-ce qui donne l'ordre à la cage thoracique de s'ouvrir et de se refermer? Sauf dans certains exercices précis, ce n'est pas nous non plus. On attache donc son attention à un point d'appui physique.

Je me suis demandé s'il n'y avait pas un sens ésotérique à la parole du Christ : « Si deux ou trois sont réunis en mon nom, je suis au milieu d'eux. » On comprend généralement cette phrase comme : « Si deux ou trois êtres humains se réunissent pour prier, forment une cellule de l'Église, je suis au milieu d'eux. » Mais je me souviens, à la suite d'un entretien avec un yogi hindou en 1959, lors de mon premier voyage en Inde, m'être dit : ces « deux réunis en mon nom » ne sont autres que la pensée et le corps ou les trois à la fois : la pensée, le corps et l'émotion. Mais déjà si deux, la pensée et le corps, sont réunis par la sensation, la conscience du corps, « Je suis au milieu d'eux ». Au bout de peu de temps, en effet, un sentiment particulier apparaît, un sentiment d'*être*, pas d'être triste, d'être riche ou pauvre, d'être beau ou laid, d'être quoi que ce soit – juste être.

Une ligne de pratique est ouverte devant vous, qui n'est pas une avidité. Attention au matérialisme spirituel que dénonce Chögyam Trungpa : « Je veux faire zazen parce que le zen me fascine, je veux visualiser des mandalas parce que les Tibétains le font, je veux éveiller ma kundalini comme un yogi. » Le mental et l'ego peuvent se lancer dans toutes sortes de pratiques de méditation sans nécessité et sans profit. En harmonie avec l'ensemble de la voie proposée par Swâmi Prajnanpad, *manonasha*, *chitta shuddhi*, *vasanakshaya*, vous pouvez, si vous le souhaitez, si c'est dans votre nature et que cela ne vous demande donc pas un effort épuisant, pratiquer cette forme d'intériorisation. Vous prenez de plus en plus profondément conscience d'un corps de plus en plus détendu; vous réunissez la tête et le corps; vous donnez comme point d'appui à la pensée, pour qu'elle ne vagabonde pas, la sensation du corps, la conscience de l'énergie au repos, de la respiration, tout ce qu'on peut découvrir dans l'immobilité. Il s'agit d'une réunification. Le troisième élément, c'est-à-dire le cœur, tôt ou tard va y participer. Trois sont réunis au nom de la Réalité ultime, de votre propre Soi, ou du Christ (suivant votre approche doctrinale) et vous ressentez une qualité d'être inhabituelle, que vous connaissez rarement dans l'existence. Dans le sentiment de la nature, dans la communion avec une œuvre d'art, vous découvrez au moins l'ébauche d'un peu plus de conscience de soi, un peu plus de présence, et d'une présence pure, centrale, neutre, plus proche du vous-même réel.

Cette première ligne de croissance intérieure peut être beaucoup approfondie par la pratique. Vous n'imaginez même pas tout ce que vous allez découvrir dans cette réunification intérieure, ce recueillement, correspondant à nos expressions : se reprendre, se ressaisir, se retrouver. J'arrête un instant le flux de la vie, de l'agitation, des allées et venues; j'inverse la direction de l'attention, les dynamismes internes s'orientent maintenant de la périphérie vers le centre. Comme je ne sais pas trop en quoi consiste la méditation, j'attache ma pensée à la sensation, à la respiration paisible, au mouvement de l'énergie qui se répand dans tout mon corps (le *prana*).

Et, deuxième approche praticable pour vous aussi, vous pouvez vous exercer à la vision des pensées, des associations d'idées, sur fond de vide, comme le ciel bleu dans lequel passe un oiseau. Je constate que cet oiseau exerce sur moi une attraction parce que je le trouve très beau, ou je constate que cet autre oiseau, comme le pauvre vautour, provoque au contraire en moi une répulsion, mais je ne suis pas happé, absorbé, par l'oiseau. Je le regarde simplement traverser le ciel vide, apparaître, disparaître, sans perdre la conscience de l'infini. Cela vous paraîtra plus ou moins aisé. Ne vous découragez jamais, vous pouvez y arriver facilement pendant quinze jours et ne plus y parvenir pendant deux mois durant lesquels vous êtes agités, vous avez envie de bouger et la méditation devient insupportable. Il faut savoir que différents mouvements intérieurs, tendances, *vasanas* profondes, vont interférer. C'est ainsi, ne soyez ni surpris ni déçus et sachez qu'il ne faut pas s'inquiéter. Au départ les états d'âme ne dépendent pas beaucoup de vous.

Ce que vous pouvez faire, c'est reconnaître et accepter que ce qui est soit, ne pas entrer en conflit, vous détendre à l'intérieur des tensions et tenter la vision du témoin neutre. Vous vous rendrez compte que par l'acceptation pure et simple des images, parce qu'elles viennent, des pensées, parce qu'elles montent, celles-ci diminuent, diminuent encore. Vous resterez – les chiffres semblent minimes à un auditeur profane mais immenses pour celui qui s'est déjà exercé – vingt secondes, trente secondes, sans qu'aucun « oiseau » ne traverse le ciel en question. C'est le commencement de la véritable méditation : vous êtes intensément conscient, parfaitement éveillé, totalement présent à vous-même, sans forme, sans mesure, infini, pas infiniment grand ni infiniment petit, infini au-delà des catégories habituelles de notre pensée, le temps, l'espace et la causalité.

Pour vous exercer à ce vide, ce silence, il existe une méthode aisée. Vous prenez conscience de vous ici et maintenant : « Je suis », c'est tout, et vous savez qu'une image, une pensée, une forme, va apparaître, dans une, deux ou trois secondes. Je le sais et je ne le refuse pas; je ne m'épuise plus à lutter contre les distractions. Pour un instant, je me regroupe, je me rassemble, je suis présent; pour un instant j'arrête de penser (c'est possible) et je regarde ce qui va me venir à l'esprit, *au coup à coup*. C'est le premier exercice dans cette ligne. Je vais voir au fur et à mesure ce qui va monter de la profondeur de moi-même. Je me détends autant que je peux. Une idée, une image advient. Je la constate, je la note, et je ne me laisse pas entraîner.

Peu à peu il vous sera possible de regarder vos pensées s'associer, de vous regarder rêver si je peux dire, tout en restant centré, tout en restant spectateur. Au moment où une image monte, quelle qu'elle soit, c'est la surprise. Des millions de possibilités sont contenues dans ce *chitta* (dépôt, réceptacle, entrepôt) et vous ne savez laquelle va se présenter. Comment la ressentez-vous? Heureuse ou malheureuse, rassurante ou inquiétante? Comment la qualifiez-vous? Forcément bonne ou mauvaise. C'est toujours ou l'un ou l'autre, parfois nettement, parfois à peine.

Vous essayez d'être témoins de ce que vous ressentez. Il y a émotion heureuse si vous pensez : « Dans quinze jours, ce sont les vacances, je serai au bord de la mer. » Mais si l'idée qui vous vient à l'esprit est qu'il va falloir payer le tiers provisionnel, la coloration sera plutôt pénible. C'est un très précieux exercice. Il développe la liberté du témoin, il vous montre que vous pouvez rester bien centrés sans nier pour autant les formes de conscience, et que vous pouvez aussi ne pas être immédiatement emportés. Cet exercice évite aussi ce qui se révèle si décourageant dans les tentatives habituelles de méditation. Je m'installe dans une belle posture, je prends bien conscience de ma respiration, je ne pense pas à autre chose puisque ma pensée est « un avec » le mouvement de la respiration. Puis tout d'un coup une pensée s'impose et cinq minutes plus tard je réalise que j'avais l'intention de méditer et que je suis passé successivement sans m'en rendre compte par le collège de mon fils, ma déclaration de revenus, la facture que j'ai à payer, le coup de téléphone que j'attendais et que je n'ai pas reçu. Qui n'a pas connu cela et parfois jour après jour pendant des années?

Si vous refusez les associations d'idées, au bout de deux à trois minutes au plus elles vont se présenter et vous engloutir. Après un long détour vous reviendrez à vous-même : « Ah oui, c'est vrai que j'avais décidé de méditer. » Acceptez. Mais ne vous laissez pas emporter par toute une série d'associations d'idées à partir d'une première image. Attendons. De nouveau retournons à l'immobilité. Regardons. Une autre pensée va naître, totalement imprévisible.

Si vous faites ce que je vous propose, c'est-à-dire commencer par lâcher quelques secondes, l'image ou l'idée qui viendra sera tout à fait inattendue. Ce ne sera pas : « Je dois écrire à Michel » ou « qu'est-ce qu'il y aura au déjeuner à midi? » Ce sera, si vous avez vraiment « fait le vide en vous », beaucoup plus surprenant. Pour commencer, ne cherchez même pas à comprendre pourquoi c'est cette idée-là qui vous est venue mais seulement à « voir ». Maintenant voici une deuxième idée qui n'a aucun rapport avec la première. Vous vous détendez de nouveau. Troisième image qui n'aura aucun rapport avec la première. Je dis bien au coup à coup. Ceci ne paraît pas transcendant mais c'est peut-être le commencement de la plus haute méditation. Je vois. Je constate. En anglais « *to be aware* », être conscient de ce qui se produit. Rien ne passe inaperçu.

Vous pouvez aussi, toujours avec ce recul qui n'est pas une dualité parce que vous n'avez ni jugement, ni attraction, ni refus, mais juste une vision neutre, sentir un peu plus profondément ce qui est contenu dans l'image venue à la surface. Pourquoi particulièrement celle-ci, qui paraît peut-être anodine? « Il y a un poisson blanc dans le petit bassin du jardin. » Ah? Ce poisson ne doit pourtant pas être un sacré problème pour moi! Vous voyez comme c'est surprenant. Il aurait pu vous venir à l'esprit : « Mon fils qui vit à Paris vient d'arriver. » « Je veux parler à Martin d'un projet important de réorganisation de l'entreprise que je commence à mûrir... » Non, qu'est-ce qui monte? « Il y a un poisson blanc dans le petit bassin du jardin! » Ah!

Ou bien vous constatez et c'est tout. Attendons la suite! Et puis une autre image monte et vous vous demandez simplement d'être le spectateur, comme si vous regardiez des diapositives projetées sur un écran sans aucun ordre logique en essayant d'y prêter grande attention. Ou bien vous essayez de sentir – mais sans vous laisser happer de nouveau par les pensées – l'arrière-plan et la richesse contenus dans cette image du poisson. Est-ce que celle-ci vous en évoque une autre? Soyez attentifs sinon le fonctionnement de la pensée ordinaire va reprendre le dessus et vous perdrez la position de témoin qui demeure l'essentiel.

Que m'évoque le poisson? Les poissons qu'il y avait dans le bassin de mes grands-parents quand nous étions enfants. Vous ne vous laissez pas « absorber par l'objet » : je vois, je sens, en insistant sur « *awareness* », la conscience, le constat. C'est un très bon exercice et nullement du temps perdu. Il s'harmonisera avec tous les autres aspects du chemin aussi importants que la vigilance et la présence à soi-même en situation, dans le contexte existentiel.

Par contre méfiez-vous des méditations qui ne sont que des drogues, des anesthésiants, des fuites, des plaisirs pour l'ego et qui ne détruiront jamais le mental, au contraire. J'ai souvent dénoncé les mystifications de la méditation pour les Européens à qui un swâmi a montré une technique ou une autre. Ou alors soyez vraiment sérieux, faites la retraite de trois ans trois mois dans un centre tibétain. Je ne me suis jamais permis de critiquer une voie organisée, jalonnée et connue. Je vous propose deux démarches qui ne sont pas incompatibles : d'une part celle qui est fondée sur la réunion de la pensée et du corps, la sensation de soi conduisant au sentiment de soi, ou encore la conscience de soi conduisant à la conscience du Soi; et d'autre part, la discrimination du spectateur et du spectacle ou position du témoin, la conscience du vide et des formes de conscience qui apparaissent et disparaissent, qui viennent et, parce qu'elles sont venues, s'en vont.

Vous pouvez donc essayer de sentir simplement, sans vous laisser emporter par le jeu mécanique des associations d'idées : « Il y a un poisson blanc dans le bassin du jardin... » Il vous dit quoi ce poisson? Qu'est-ce qui vient ensuite? La demeure de vos grands-parents. Bien. Et puis? Qu'est-ce que cela vous dit encore? Mais idée après idée. Ne vous laissez pas aller à penser. Et si une image ne vous évoque rien, ne faites pas un intense effort : « Il faut que je trouve! » Ce serait encore une autre démarche que je n'appellerai plus méditation. Vous verrez. Vous verrez beaucoup plus que vous ne l'imaginez à l'heure actuelle. Comme c'est intéressant qu'il vous soit apparu ce détail insignifiant! Qu'est-ce que ce poisson par rapport à l'ensemble des préoccupations supposées être les vôtres aujourd'hui?

Mais ce sur quoi j'insiste, plus que sur l'aspect connaissance de soi, c'est sur la discrimination du spectateur et du spectacle, le retour à la conscience vide, à l'océan dans lequel naît une vague et auquel la vague retourne.

Avec un peu plus de pratique, vous pourrez dépasser ce que je viens d'appeler « au coup à coup », vous pourrez laisser le mental vagabonder, tout en conservant sans effort héroïque la position de témoin, comme si vous étiez vraiment conscient que vous regardez un film, non plus des diapositives mais un film avec un sujet, un thème. Vous y arriverez relativement vite. Laissez le mental vagabonder, ce que Swâmiji appelait : « *allow the play of the mind*, autorisez le libre jeu du mental », et en même temps voyez, soyez conscients de vos rêveries diurnes, ces rêveries qui d'habitude vous happent, auxquelles vous êtes identifiés et dans lesquelles vous n'existez plus en tant que sujet distinct et autonome. Vous verrez même la stupidité de surface de ces petits scénarios d'une minute, deux minutes, qui se déroulent tout seuls : « Le président de la République me convoque », ou « J'ai un terrible accident de voiture. » Vous regardez comme si vous n'étiez pas concernés alors qu'en fait, d'un autre point de vue, vous êtes tout à fait impliqués puisque ce sont vos rêveries à vous dans votre cerveau à vous. Vous êtes sur la rive et vous voyez couler le fleuve de votre cinéma intérieur.

Cette vigilance va grandir avec la pratique. Ce qui vous est très difficile aujourd'hui deviendra plus facile dans trois mois, plus facile encore dans un an. Cette non-identification va avoir des échos dans le courant de votre existence où vous retrouverez plus facilement cette dissociation. Voilà les soucis, les inquiétudes qui sont en train d'agiter mon cerveau et mon cœur et moi j'expérimente un certain détachement au centre même de cette agitation. Je sais, je perçois que ces agitations ne sont pas le tout, qu'elles concernent la surface, les formes changeantes, momentanées, d'une conscience sans forme, la pure lumière de la perception.

***

Ce vers quoi vous allez, c'est la conscience pure, infinie, non conditionnée, *en deça*, avant qu'apparaissent les catégories du temps, de l'espace et de la causalité. Juste être ce que je suis! Fondamentalement, essentiellement, la méditation est un non-faire, un non-agir, un non-effort. Ceci ne doit jamais être oublié. Comme un autre accomplit deux heures de poids et haltères tous les jours, si vous avez une exigence, si vous n'êtes pas des paresseux, si vous avez un peu d'énergie à votre disposition, vous allez faire une heure quotidienne de culture intérieure, de concentration sur la sensation et sur la respiration. Toutes sortes d'éléments impurs de l'ego, plus ou moins conscients, vont s'immiscer dans votre pratique, tels que l'avidité et le désir de réussir. « J'ai une revanche à prendre : ma vie est médiocre, donc je réussirai dans la spiritualité. » Des dizaines, des centaines de motivations frelatées peuvent intervenir. Et naturellement vous tournez le dos à la bonne direction, tout en étant encouragés puisque une demi-heure tous les matins, une demi-heure tous les soirs, vous demeurez sans bouger. Vous ne voyez pas que votre méditation a été purement et simplement récupérée par le mental qui la réduit encore à un avoir, un profit : « Je réussis, je ne réussis pas... »

Dans le lâcher-prise, la détente, l'ouverture, une révélation se produira. Elle vous sera donnée comme une grâce. Si vous êtes vraiment silencieux, vous ne cherchez plus, même pas à être libérés car c'est encore une pensée, encore une idée, encore une conception. La méditation est l'anti-recherche. Même un titre de livre comme *A la recherche du Soi* est destiné au lecteur non préparé, parce qu'on lui propose quelque chose à faire. Mais il n'y a même pas à chercher le Soi : vous l'êtes! Le disciple débutant réfère l'ascèse à ce dont il a l'expérience : on va chercher le Soi. Il préfère cette quête à chercher la fortune ou chercher l'aventure.

La méditation n'est même plus une recherche : le silence, un silence de plus en plus profond intérieurement. Mettant l'accent non plus sur la présence à soi-même mais sur l'effacement de soi-même, certains bouddhistes ont même employé l'expression de non-être : au-delà même de l'être, ne plus être. Au-delà de l'ontologie, la métaphysique. Non-être, voilà qui est surprenant, parce que l'affirmation positive est au cœur de la terminologie védantique : « *je suis* », « *aham asmi* », en sanscrit. Même plus « être ». Être, dans ce sens-là, s'avère encore une manifestation du moi individualisé, de l'ego, du mental. Plus profondément encore, je ne suis plus. Si « je » disparais, qu'est-ce qui va se révéler? Si le « je suis » individualisé s'efface, subsiste alors ce qu'on a appelé supraconscience, « *nirvikalpa samadhi* », « *shunyata* ». Il faut que cette vérité vous imprègne dès le départ, avec le sentiment qui lui correspond, quels que soient les résultats immédiats ou tardifs que cette clarté de compréhension puisse donner.

Tournez le dos à votre comportement habituel. Votre comportement habituel, il ne peut en être autrement, est fait d'attraction et de répulsion, du « j'aime » et du « je n'aime pas », du « je veux » comme du « je ne veux pas », toujours par rapport à moi; et c'est ce moi, cette conscience individualisée, dont nous cherchons à être affranchi, que nous cherchons à transcender, pour découvrir la Conscience en elle-même. Appelez-la suprême, appelez-la infinie, appelez-la supramentale et, si vous le voulez, écrivez le mot avec une majuscule en français ou en anglais...

La méditation est un effacement, un silence, une ouverture, donc une acceptation, un non-conflit. Ne méditez jamais « contre »... contre votre médiocrité, contre votre sentiment d'infériorité, contre votre non-libération. Ne méditez jamais contre quoi que ce soit, même contre les distractions. Et ne méditez jamais pour, c'est-à-dire un but dans le futur : pour ma libération, pour ma sagesse. Pour implique toujours une dualité : « Je ne suis pas sage, je veux être sage; je veux avoir une grande expérience de samadhi. » Ne méditez ni contre ni pour.

Je sais que ce n'est pas facile. Vous allez tâtonner. Mais au moins entendez-le. Ne vous engagez pas muni d'une carte fausse et d'une boussole fausse dans une direction fausse. Si vous *voulez* méditer, si vous *voulez* réussir votre méditation, si vous *voulez* faire silence, vous allez rester sur place avec toutes ces bonnes intentions et le monde va être divisé en deux, ce qui favorise votre méditation, ou ce que vous appellerez une méditation réussie, et ce qui vient perturber votre méditation, ou ce que vous appelez une méditation ratée. Ni contre, ni pour... juste être. Silence. Et, pour commencer, l'acceptation de ce qui vous apparaît comme décevant, non souhaité – mais qui *est*, ici et maintenant.

Autrement dit, le maître mot de la méditation, c'est une fois encore le mot OUI. Pendant trop longtemps j'ai médité à partir du non : non aux associations d'idées, non aux contractions musculaires, non à ma faiblesse, non à tout ce que j'étais et je n'étais pas au nom de ce que j'aspirais à être, fût-ce de très nobles aspirations : « J'aspire à être fort, calme, généreux, bon, avancé sur le Chemin. » Non à tout ce qui ne me plaisait pas et à quoi j'espérais échapper. Engagés dans cette direction, vous ne sortirez jamais de votre prison. C'est le mental qui veut dépasser le mental, c'est l'ego qui veut effacer l'ego, autrement dit : une impasse. Il n'y a pas d'effacement qui ne soit pas lié au OUI. Sentez-le. C'est une idée mais c'est aussi un sentiment.

Peut-être êtes-vous surpris que je parle de non-être ou d'effacement à propos de la méditation. Pourtant c'est de cela et, en fait, uniquement de cela qu'il s'agit. Tout le reste est une manière d'étayer cette démarche, de déblayer certains obstacles. « J'aspire à ne plus être tout en demeurant vigilant » : voilà le sommet de la méditation. Plus de mental, plus d'ego, plus d'efforts, plus de désirs, plus de mouvements. Un étang a été agité par le vent, puis le vent tombe et l'étang redevient une surface lisse comme un miroir.

Cela dit, après avoir plaidé la cause de la méditation, je redis que si vous n'êtes pas moine zen dans votre monastère ou engagé dans la retraite de trois ans chez les Tibétains, ce n'est pas dans la méditation, pour commencer, que la partie se joue mais dans l'existence. Parce que la méditation recèle une grande valeur, elle est devenue à la mode. De nombreux maîtres orientaux formés en Asie, imprégnés d'une tradition destinée aux disciples à part entière, donc déjà une élite, insistent sur la méditation, et je réaffirme, au risque d'être sévèrement critiqué, que pour vous et moi, pendant longtemps, l'essentiel n'est pas la méditation, aussi importante, vitale même, que soit celle-ci. L'essentiel est la vigilance dans l'action, le OUI à ce qui est, la détente, la présence à soi-même, la position de témoin, *dans le courant de l'exis-*

tence. C'est dans le courant de l'existence que vous allez peu à peu éroder les obstacles à la méditation, au lieu de vous épuiser à lutter pendant vingt ans contre ces obstacles – une lutte jour après jour contre les pensées, les distractions – et vous concentrer sur votre vache puisque vous ne pouvez pas vous concentrer sur autre chose.

Qu'est-ce qui se passe? Je vous parle d'un non-agir, d'un non-faire, d'un non-être, d'un effacement qui permet la révélation de ce qui est supramental, au-delà de l'ego, et il y a en vous toutes les peurs non rassurées, toutes les demandes (*vasanas*) non satisfaites qui bouillonnent dans le subconscient, tous les *samskaras*, les diverses sources d'agitation, les colères rentrées et les problèmes non résolus. Comment alors puis-je me détendre? Je ne me détends pas, je lutte pour réprimer encore plus et essayer d'avoir une demi-heure de répit. C'est un non-sens, une voie sans issue. L'ensemble du cheminement qui, lui, peut prendre plusieurs années et qui se vit au cœur de votre réalité extérieure et intérieure (l'attachement, la peur, l'émotion) va éroder ces sources de tensions. Peu à peu *manonasha, chitta shuddhi, vasanakshaya*, tout ce qui vous est proposé, va diminuer le jeu de l'attraction et de la répulsion, de la bipolarité en vous et la méditation vous sera aisée. J'arrête les pensées, les pensées s'arrêtent; j'arrête les demandes, les demandes s'arrêtent. Cette rentrée dans le vide ou dans le silence vous deviendra facile parce qu'enfin il est tout de même encore plus *naturel* de ne pas bouger que de bouger. La position *naturelle* de l'homme, c'est une posture stable et agréable d'immobilité. A partir de là je peux me gratter le nez si je veux, je peux remuer la main, me lever et marcher. L'essence, c'est l'immobilité à partir de laquelle tous les mouvements sont possibles. De même notre état *naturel* réside dans ce vide intérieur, ce silence, cette immobilité parfaite de la pensée. Voilà pourquoi les hindous, là où nous employons le mot surnaturel, emploient, eux, le mot *naturel (sahaja).* Et cette vérité a imprégné toute la pensée asiatique, y compris le bouddhisme zen : simplement revenir à un état primordial. C'est uniquement pour l'ego que ce vide a quelque chose de surnaturel. Et c'est pour cela aussi que je dis *en deça* plutôt que au-delà, avant les tensions, avant les contradictions, avant l'opposition du « j'aime » et du « je n'aime pas », avant l'attraction et la répulsion. Vous connaissez le koan : « Quel était ton visage avant que ton père et ta mère se soient accouplés ? » La conscience pure s'insère ensuite dans le monde des formes, l'identification au corps, aux différents *koshas* ou revêtements du Soi, au jeu de la multiplicité et des conflits dont nous sommes prisonniers.

Je vous demande et je demande surtout à ceux qui auraient quelques facilités pour la méditation, de ne pas laisser se créer en vous deux mondes : le monde divin de la méditation et le monde de « merde », comme on dit, de la vie ordinaire. Sinon vous êtes de nouveau perdus. Plus de boussole, plus de carte, vous êtes engagés dans une direction qui ne conduit nulle part.

Ne méditez pas contre. Le plus vite possible, même si les tentatives de méditation vous attirent, comprenez qu'il va falloir dépasser la distinction « méditation-non-méditation », moment de méditation au calme et retour à la vie, jusqu'à ce que les deux soient confondus. La vie entière est alors vécue sur fond de méditation. Et à certains moments c'est ce fond de méditation qui prend le devant de la scène. S'il n'est plus nécessaire de s'exprimer en situation, de parler, d'écouter, de penser, revenez normalement à la source, comme vous revenez normalement à l'immobilité après le mouvement. Normal, naturel, souvenez-vous de ces mots et c'est tout le reste qui est en trop. Lâchez, lâchez prise. Complet relâchement de toutes les tensions physiques, émotionnelles et mentales, « *complete release of all tensions, physical, emotional and mental* », comme on relâche un prisonnier. C'est bien le sens du mot « *release* » en anglais. Vous ne pouvez pas savoir à l'avance ce qu'impliquent ces mots : « Complet relâchement de toutes les tensions. » C'est la libération et c'est la méditation. Mais il ne s'agit pas de ce dont vous avez l'expérience. Que faut-il faire alors?

Qu'est-ce qu'il faut faire? Il faut se boucher la narine gauche en inspirant, ensuite alterner... Là vous avez quelque chose à faire. D'accord, les pratiques du yoga ont leur valeur technique. Et pourtant entendez : « Justement, il ne faut plus faire! » « Ah! il faut seulement être calme? » Non, non, il ne faut même pas être calme, il faut ne plus être! Voilà la véritable méditation. Si ce n'est pas facile, ce n'est pas non plus impossible ni réservé à cinq yogis par siècle, dont l'histoire retiendra le nom. Encore faut-il ne pas se tromper, et ne pas se tromper dès le départ, ne pas laisser, même subtilement, l'ego récupérer la méditation pour en faire encore une entreprise située à l'intérieur des limites du mental et qui, par conséquent, ne permet pas de dépasser ces limites.

Réfléchissez aux mots mêmes! Comment le fini pourrait-il avoir l'expérience de l'infini? Comment le limité peut-il avoir l'expérience de l'illimité? Comment le changeant, inséré dans le temps, peut-il avoir l'expérience de l'éternel? Comment le physique, le mesurable peut-il avoir l'expérience du métaphysique, au-delà de la mesure, au-delà de la matérialité grossière ou subtile? C'est une contradiction. La méditation elle-même est une contradiction. Je vais méditer... Alors, « je » subsiste. Et pourtant... Les moines zen méditent, les yogis hindous méditent, les disciples tibétains méditent et dans toutes les traditions on a médité. Ne vous trompez pas! Vous êtes ce que vous êtes. Il n'y aura pas de miracle. En fait, il y aura un miracle mais pas un miracle de pacotille. Dès le départ, étant ce que je suis, je pressens, je m'ouvre à une compréhension. La méditation mène à un silence et une ouverture pour que « Cela » se révèle. Elle suppose simultanément l'extrême de la vigilance et l'extrême du non-agir. Tout le reste est préparation. Mais au moins que cette préparation vous conduise dans la bonne direction.

L'ego peut trouver son plaisir dans la méditation mais vingt ans après vous n'êtes pas plus avancés. Allez vivre dans des ashrams où l'on médite du matin au soir, rencontrez des méditateurs qui ont vingt ans d'immobilité à leur actif, à raison de trois ou quatre heures par jour, voyez avec honnêteté que leurs vingt ans de méditation ne les ont pas conduits à la liberté, à l'effacement de l'ego, à la sagesse, à l'humilité, à la mort à soi-même, à la joie parfaite. Que s'est-il donc passé? C'est l'ego qui a médité.

Semez une graine qui va peut-être germer, commencez à aspirer à cet effacement!

2

L'ÉROSION DES OBSTACLES

Revoyons d'abord ensemble quelques vérités fondamentales. Pour comprendre le rôle que la méditation peut jouer sur le Chemin que proposent mes livres, avant tout inspiré de l'enseignement de Swâmi Prajnanpad, il faudrait déjà être d'accord sur le contenu du mot méditation. Je suis étonné de voir combien ce mot est couramment utilisé et combien son sens et ses implications sont peu précisés. Quand nous voyons un yogi, un swâmi, un moine tibétain ou zen, immobile comme une statue et que visiblement il n'est pas en train de rêvasser (car si quelqu'un est emporté par les associations d'idées ça se lit sur son visage) nous décidons qu'il est en méditation. Mais à l'intérieur de cette immobilité, que se passe-t-il? Le même terme peut recouvrir tant d'activités intérieures silencieuses si différentes les unes des autres. Pourquoi méditer? Qu'est-ce que nous en attendons? Et comment allons-nous méditer?

Le mot méditation peut désigner un état aisé, naturel, spontané ou un effort et, dans ce cas, quel type d'effort? Revenons à la donnée essentielle : ce que nous cherchons est déjà là, ce que nous aspirons à être, nous le sommes déjà. Mais nous ne sommes pas conscients que nous le sommes ou nous ne sommes pas en contact permanent et stable avec cette réalité profonde.

La méditation est avant tout un état d'être, un état de conscience sans opposition, immuable, échappant au temps, à partir duquel peuvent se déployer les formes de conscience, les pensées, les émotions, les pulsions. Tenter de retrouver cette plénitude sans forme n'est pas tenter d'aller au-delà de la conscience dualiste limitée, mais plutôt tenter de revenir en deçà, retourner à l'origine. Pour parler simplement, nous pouvons considérer cet état de méditation comme une cessation momentanée des fonctions physique, émotionnelle et mentale.

Mais il est essentiel de comprendre que nous cherchons un état de non-manifestation, de retour à la source d'où naissent tous les phénomènes que la psychologie a pour but d'étudier. Et les images de silence, de vide et d'immobilité peuvent être utilisées comme références pour montrer dans quelle direction nous allons. La perfection de ce vide (shunyam) qui est plénitude (purnam) correspond à ce que les bouddhistes appellent notre Nature originelle et les hindous atman.

L'état de méditation est une non-action. Or la méditation au sens courant du terme est au contraire une action nécessitant un type d'effort ou un autre. Là se situe la difficulté.

Comment une technique, donc une action, va-t-elle nous conduire à cet effacement? Physiquement, vous pouvez faire des gestes, vous mouvoir gracieusement si vous êtes un danseur, gauchement si vous êtes maladroit, mais que devez-vous faire si vous ne voulez plus bouger? Quel est le mouvement qui va vous donner l'immobilité? La réponse est évidente, seule la cessation de tout mouvement va vous donner l'immobilité. Ne cherchez pas un maître pour vous enseigner les mouvements qui conduisent à l'immobilité!

Vous arrêtez de bouger, vous voici physiquement immobiles. Est-ce que vous pouvez aussi facilement arrêter les autres fonctionnements tout en demeurant pleinement conscients et éveillés, sans forme de conscience particulière?

L'expérience de tous ceux qui ont tenté de méditer, quelle que soit leur tradition, montre à quel point il est malaisé de faire silence et de contrôler le mental et combien les pensées non voulues peuvent être contraignantes. Mais ce contrôle ne peut aller que dans le sens de l'immobilité naturelle. Tant que subsisteront en vous des sources d'agitation ou une source profonde d'où naissent les associations d'idées qui perturbent la méditation, votre effort restera ingrat si ce n'est stérile.

Imaginez un malade atteint de la maladie de Parkinson, dont la main tremble sans arrêt sans qu'il puisse maîtriser ce tremblement. J'ai connu au moins deux personnes au début de leur maladie qui tentaient avec la main gauche de maintenir leur main droite immobile pour ne pas perturber celui ou celle qui leur rendait visite. Il ne s'agit pas d'un véritable retour à l'immobilité. Si vous portez en vous des sources d'agitation intérieure, vous aurez beau faire des efforts pour juguler cette agitation, votre tentative ne sera ni aisée ni naturelle. La plupart du temps nous ne sommes même pas détendus. Cela explique l'effort vain de nombreux méditateurs qui s'exercent pendant des années sans s'attaquer au point fondamental, à savoir la source même de ce qui apparaît comme obstacles à la méditation. Tous ceux qui ont la moindre idée du yoga connaissent la célèbre définition donnée au deuxième verset des Yoga Sutras de Patanjali : « *Yoga chitta vritti nirodha* » : le Yoga c'est la cessation (ou l'extinction) des agitations (des perturbations, parfois on traduit des tourbillons) du psychisme, *chitta*.

Je veux faire ici une remarque sur la différence de sens entre les deux termes *chitta* et *manas* qu'on traduit indifféremment dans les glossaires ou lexiques par pensée, esprit, mental. Pourquoi est-il dit dans les Yoga Sutras « *chitta vritti nirodha* », la cessation des agitations de chitta? Si nous traduisons chitta par un seul mot, le meilleur est sans doute psychisme. Dans les textes du védanta, il arrive très souvent que ce mot chitta soit traduit en anglais tout simplement par *memory*, mémoire. C'est un point important. Le mot *manas* désigne le mental dans notre relation avec ce que nous considérons comme le monde extérieur, une relation qui est pendant longtemps empreinte de partis pris, de préjugés, d'illusions. C'est pourquoi il vous est proposé la « destruction du mental » *(manonasha)*. Mais si vous vivez isolés dans une grotte ou dans une cellule de moine, coupés du monde extérieur et en méditation, vous n'avez plus affaire à manas mais à chitta : des pensées, des images, des souvenirs, des projections sur le futur se lèvent en vous, que vous le vouliez ou non. La quasi-totalité de ces vrittis ne sont pas la manifestation de vos situations existentielles – profession, famille, amours, santé – puisque vous n'êtes momentanément impliqués dans aucune de celles-ci et consacrés à votre tentative de silence intérieur. En fait un électro-encéphalogramme enregistré pendant un essai de recueillement montrerait que le cerveau est aussi agité que dans une situation de relation.

L'intérêt de cette traduction (tout à fait orthodoxe du point de vue hindou) de *chitta* par mémoire est qu'elle pointe directement dans une direction capitale, l'importance du passé : toutes les marques du passé se sont déposées en nous sous la forme d'impressions, de *samskaras*, de *vasanas*, de dynamismes latents, comme dans une immense cinémathèque ou un immense entrepôt. Pour certaines raisons ces « latences » passent de l'état non manifesté à l'état manifesté sous la forme d'une peur, d'un désir, d'une idée. Il s'agit d'une mémoire en très grande partie inconsciente : les souvenirs résident en nous mais nous n'y avons pas directement accès.

Donc *chitta* est à la fois un réservoir d'impressions anciennes et une source inépuisable de « formes » dans la conscience, de phénomènes psychologiques qui vous assaillent, vous harcèlent parfois quand vous tentez au contraire, dans la méditation, d'être immobiles et silencieux. Si vous pouviez descendre encore plus profondément en vous-mêmes, en deçà de ces agitations, votre véritable nature se révélerait comme le vide, la plénitude, l'infini.

*
* *

A partir de ce rappel de vérités connues, nous pouvons essayer de comprendre un peu mieux, compte tenu des tourbillons issus de ce réceptacle d'impressions passées, ce qui nous est possible pour aller dans la direction de cette non-manifestation intérieure.

Je veux insister aujourd'hui sur la nécessité de tarir peu à peu cette source d'agitation. Cette exigence est trop souvent oubliée. On essaie d'obtenir le silence intérieur, sans tenter de neutraliser la cause des perturbations. Certains qui se sont pourtant beaucoup exercés avec des techniques efficaces de méditation sont d'autant moins avancés au bout de plusieurs années que cette source latente est plus puissante en eux. Cela dit, il existe heureusement dans toutes les traditions des méthodes concrètes pour atteindre la maîtrise et le contrôle des pensées. Mais même ces exercices nécessaires évoqués au chapitre précédent et que vous pouvez pratiquer sans danger (non seulement sans danger physiologique mais sans danger de perdre votre temps ou de vous égarer) ne résoudront pas définitivement la difficulté majeure qui demeure les distractions, les pensées non voulues. J'ai proposé la méthode qui consiste à voir ces agitations, ces « tourbillons » de *chitta*, le psychisme, la « substance mentale », sans se laisser happer, sans se laisser emporter, en cherchant la *position de témoin.* Qu'est-ce qui ne change pas, qui demeure identique à soi-même, qui est notre véritable *identité*? La vision du changement. Les pensées qui tournent dans notre cerveau sont comme des oiseaux qui apparaissent dans le ciel, le traversent et s'en vont. Pouvez-vous regarder ces pensées naître, disparaître, se remplacer les unes les autres, sans être identifiés, en demeurant conscients d'un fond immuable de silence? Ce n'est pas encore l'état ultime d'immobilité, de vide mais une activité d'un autre ordre que la concentration *(dharana)* sur un seul point *(ekagrata).*

La pratique de la position de témoin a été pour moi extrêmement précieuse. Mais je sais aussi que les exercices tendant à diminuer les associations d'idées ordinaires, à donner plus de fermeté à la concentration m'avaient préparé à cette nouvelle forme de méditation. Si vous êtes trop pris par les agitations, vous n'arriverez à rien quelle que soit la tentative qui vous soit proposée. Vous serez purement et simplement en train de rêvasser en vous souvenant vaguement que vous vouliez méditer et en étant sans cesse repris par d'autres associations d'idées.

La position de témoin permet de reconnaître qu'aujourd'hui, pour le moment, apparaissent des pensées, et même des pensées chargées d'émotion, des souvenirs du passé, des projections sur le futur, qui ne cessent pas de monter de la profondeur à la surface, d'encombrer le champ de la conscience et de se succéder les unes aux autres. On ne tente certes pas de les nier, alors que dans les diverses formes de concentration, « *one pointed mind* », on court le risque de vouloir nier la puissance ingrate et décourageante de ce fond d'où émergent toutes les agitations. Mais pour que la mare devienne lisse et transparente, il faut éliminer la fermentation dans la vase et les bulles qui crèvent sans arrêt à la surface.

L'expression « faire silence », aussi courante soit-elle, est une absurdité; on peut faire du bruit, on ne peut pas faire silence. L'usage de cette expression nous a fait tous beaucoup de tort en ce qui concerne nos tentatives de méditation. On ne peut qu'arrêter les bruits. Supprimez les bruits, le silence règne. Vous pouvez faire du bruit si vous le souhaitez, mais si vous souhaitez faire silence, vous pouvez seulement cesser de faire du bruit. Et il y a en nous une source de bruits.

De même vous ne pouvez pas « faire le vide ». C'est impossible. Si vous voulez faire le vide dans une pièce, vous enlevez tous les meubles, tous les tableaux, tous les objets, tous les accessoires. Et le vide, lui, se révèle quand ce qui encombre a été supprimé. Et on ne peut pas non plus fabriquer de l'immobilité. Vous pouvez seulement cesser de faire des gestes, cesser de bouger. C'est toujours la même idée.

Si l'état de méditation n'est autre que le silence du psychisme, si le but de la méditation est de s'établir dans ce silence, qu'est-ce que nous pouvons faire? La réponse apparaît nettement : Rien. Nous pouvons seulement ne pas faire. Méditer est considéré comme une pratique. Mais nous nous rendons compte que la méditation est au contraire une non-pratique, par l'effacement des différents mouvements de la pensée, des divers bruits qui sont en nous et de tout ce qui encombre notre conscience. C'est l'ensemble de ces bruits, de ces agitations qui remplit une existence, avec son alternance de joies et de peines, de mauvais souvenirs du passé, de rêves et de grands projets pour le futur. Mais, attention à la voie sans issue qui consisterait à vouloir à tout prix faire silence, même avec persévérance, même avec zèle et courage sans tenir compte de ces agitations qui stagnent en vous à l'état latent. Les « méditations » que je vous propose sont des exercices préparatoires pour gagner un minimum de contrôle sur la pensée, de maîtrise de l'attention. Mais à partir de là, pas d'illusions, tant que ces obstacles à la méditation, ces dynamismes de retour dans le monde de l'attraction et de la répulsion ont leur source en vous et que cette source n'est pas neutralisée, il faut que vous en teniez compte.

Sinon vous vous retrouverez dans cette situation cruelle que j'illustre à ma façon. Dans une pièce où résonnent toutes sortes de bruits – imaginons pour la beauté de la chose une radio, une télévision, une machine à laver qui vibre, un réfrigérateur qui ronfle – je vais essayer de faire silence sans supprimer les bruits. Sur ma platine, je mets un disque de silence. Je peux par exemple avoir découvert le zen et choisir un disque de silence enregistré au monastère de Heiheiji à la fin du grand zazen du matin. Pendant quelques secondes ou quelques minutes, je suis si intéressé par mon disque, je ne vais plus entendre les bruits accumulés dans cette pièce. Je suis heureux, comblé, j'ai trouvé ma voie dans le zen. Au bout de quelque temps, la nouveauté disparaît, je ne suis plus captivé, je commence à réentendre tous les bruits. Alors je suis déçu. Je commence à douter du zen, persuadé d'avoir fait une erreur en me tournant vers l'Orient. J'enregistre un disque de silence dans un monastère de trappistes le soir après complies, au moment où les moines demeurent quelques minutes dans l'église avant de se lever et de partir en procession vers les dortoirs. Je ramène mon disque de silence, chrétien cette fois-ci, je l'écoute sur ma super-chaîne et quelque temps après, les bruits attirent à nouveau mon attention et me revoilà découragé.

Trop de personnes que j'ai connues et parmi lesquelles je me range ont tenté, sinon tous les jours du moins presque tous les jours, de faire silence par une méthode ou une autre, alors que la source des pensées contradictoires et égocentrées n'était pas tarie. Nous sommes inévitablement ramenés dans le monde de la joie et de la peine, de l'échec et de la réussite et de toutes les dualités, le monde de la limitation, et exilés de la pure Conscience, du samadhi, du nirvana. Autrement dit, je mets l'accent sur un travail qui prendra peut-être des années, mais qui permettra de diminuer peu à peu jusqu'à la supprimer l'origine même de ces agitations.

Tous les pratiquants du yoga qui s'intéressent à autre chose que la gymnastique connaissent l'expression « *chitta vritti nirodha* », le yoga c'est la cessation des agitations de la « substance mentale ». Tous ne connaissent pas l'expression, qui pourtant n'est pas le privilège d'une école particulière, « *chitta shuddhi* », purification de cette forme du psychisme considérée avant tout sous l'aspect de la mémoire, y compris la mémoire inconsciente d'où naissent tous les remous de surface, tout ce qui représente l'ennemi (pour ne pas dire le cauchemar) des méditateurs, y compris les envies de bouger, les pulsions motrices.

Cette source d'agitation nous propulse vers l'extérieur, nous ramène dans la multiplicité. Si vous avez la maladie de

Parkinson, souhaitons qu'il existe un traitement qui en supprime la cause et votre main s'arrêtera d'elle-même de trembler. Mais tenter d'immobiliser la main droite avec la main gauche n'aura jamais de cesse. Et si nous essayons de faire silence alors que, dans la profondeur de nous-même, non seulement « ça » parle mais « ça » crie, quel résultat allons-nous atteindre? Il est vain de s'exercer même patiemment, jour après jour et année après année à faire silence sans rien tenter pour tarir la source des bruits. C'est tout simple. Et c'est là que l'expression *chitta shuddhi*, épuration de *chitta*, prend tout son sens.

Cette *chitta*, je le rappelle, comprend les *samskaras*, les impressions qui se sont déposées en vous, qui vous ont marqués et qui demeurent vivantes avec leur dynamisme, et les *vasanas*, propensions, pulsions, envies, demandes, désirs – tous ces mots peuvent convenir. Ces dynamismes vivants dans la profondeur du psychisme sont nés de la manière dont vous avez vécu le passé – éventuellement le passé desdites vies antérieures –, la manière dont vous avez été ou non aimés. Nous voudrions retrouver ce qui a été heureux et ne jamais revivre ce qui nous a meurtris. Mais la complexité de ces mécanismes va jusqu'à la tendance à reproduire des situations anciennes même si elles ont été douloureuses, comme si nous étions fascinés malgré nous par des souffrances que nous avons déjà connues.

Pour certains, cette connaissance de l'inconscient ne relève ni de la spiritualité ni du yoga mais de la psychologie et, pire, de la psychologie des profondeurs. Or René Guénon a condamné Freud et Aurobindo a condamné Freud. J'ai connu l'époque où je n'étais pas encore suspect pour un certain nombre de prêtres comme je le suis hélas devenu mais pour quelques « grandes personnalités du yoga » comme on disait alors parce que j'introduisais l'inconscient dans le védanta. Pourtant ce ne sont ni Swâmi Prajnanpad, ni Freud, ni Arnaud qui ont inventé le mot *chitta*, ou se sont permis de traduire celui-ci par *memory*, mémoire, comme l'ont fait de nombreux auteurs indiens, parlant couramment anglais, pour les textes classiques du védanta. Et ce ne sont pas non plus Freud, Swâmiji, Arnaud qui ont inventé l'expression *chitta shuddhi* ni les mots *vasana* et *samskara*.

Comment « faire » pour qu'un jour ce vide, qui est en même temps plénitude, cette absence de forme de votre conscience d'être, soit à votre libre disposition? Comment procéder pour que vous puissiez librement vous situer en deçà des perceptions et conceptions dualistes, de tout ce qui rend votre vie frustrante, limitée, relative et vous empêche d'accéder à l'Absolu? Comment arrêter les bruits, les agitations aussi simplement que nous débranchons un ventilateur, appuyons sur un interrupteur électrique, ou cessons de bouger après avoir remué le bras? Pourquoi l'arrêt des mouvements n'est-il pas possible au niveau psychique? A cause des « latences » dans les profondeurs du psychisme.

***

D'où proviennent ces agitations qui empoisonnent vos tentatives de méditation? Swâmiji avait évoqué un jour pour moi en quoi consistait la Libération : « J'ai fait ce que j'avais à faire, j'ai reçu ce que j'avais à recevoir, j'ai donné ce que j'avais à donner. » La meilleure définition que nous puissions donner de *chitta* pourrait se résumer en inversant la formule de Swâmiji : « Je n'ai pas fait ce que je portais en moi de faire, je n'ai pas reçu ce que je portais en moi de recevoir, je n'ai pas donné ce que je portais en moi de donner. » Et ce cri des profondeurs, vous ne le ferez pas taire en concentrant votre attention sur la flamme d'une bougie ni même en pratiquant l'exercice de base de conscience du corps et de perception de l'énergie au repos en vous. Vous ne le ferez pas taire non plus en vous exerçant à la « position de témoin » qui voit apparaître, passer, disparaître les pensées avec leur charge émotionnelle bien que toutes ces pratiques aient leur place et leur nécessité sur la voie. Elles ne suffiront pas. Vous ne pouvez pas faire l'économie de ce travail de purification et d'érosion.

Cependant ne vous faites pas d'idées qui ne soient pas certaines sur ce travail. Ne laissez pas le mental s'emparer de ce que je dis pour s'inquiéter et se décourager. Allez pas à pas, de certitude en certitude. Plus ou moins refoulé, nié, censuré, le passé bouillonne tout le temps en vous et il se projette sur le futur immédiat ou lointain. Là-dessus, vous pouvez toujours vous épuiser à mettre des disques de silence.

Des tentatives de méditation, pourquoi pas? Mais à condition qu'elles s'accompagnent d'une vision de plus en plus véridique de vous-mêmes, de la profondeur de vous-mêmes, de la manière dont vous menez votre existence ou dont celle-ci se déroule, pour vous rapprocher du moment où le silence et le vide vous deviendront naturels, spontanés. Ce qui n'exclut pas, même si la source des agitations demeure très puissante en vous, que par moments une tentative de méditation puisse donner un résultat qui vous paraît important. Oui, cette expérience a sa valeur, mais elle ne pourra pas être durable. Il faut le comprendre pour ne pas en être réduit à attendre six mois que, de nouveau, un état de grâce nous tombe du ciel à la fin d'une méditation dite réussie.

Si vous méditez aisément, méditez. Si vous avez des samskaras de méditateur, vous pouvez aspirer à cet état d'immobilité, dans lequel la béatitude du Soi se révèle – et cela sans aucune drogue naturellement. On peut dire que l'obsession de milliers de disciples depuis des siècles et des siècles a été d'arrêter la pensée. Curieux but, alors que la tendance plus que jamais aujourd'hui est à la pensée, aux émotions et à la distraction : se répandre dans les choses extérieures. But que certains considèrent comme aberrant : je voudrais *ne plus penser*.

A une époque récente l'obsession de l'électro-encéphalogramme a été une mode. Il a même été dit que la religion de la fin du XXe siècle serait la « religion de l'alpha », c'est-à-dire des ondes alpha. Un petit appareil avec des électrodes et un écouteur a fait fureur aux États-Unis. Quand ceux qui l'utilisaient étaient vraiment en méditation et sans pensées, il émettait un son particulier. Dès que revenaient les pensées, ce qui correspond au tracé désynchrone de l'électroencéphalogramme, twuut, twuut, ça criait dans les oreilles. J'ai essayé un de ces appareils, cela ne m'a guère paru convaincant. Il suffit que vous preniez conscience que vous êtes sans pensée : « ça y est, j'y suis », pour que cette simple pensée déclenche le twuut, twuut, twuut. Je ne le raconte pas uniquement pour vous faire sourire mais pour insister sur cette réalité étrange aux yeux de ceux qui ne font pas partie d'une secte californienne et qui est pourtant le suprême but de tant de yogis : ne plus penser.

Effectivement, si vous pouvez ne plus penser, vous découvrirez la possibilité de conserver ce silence comme substrat des activités. Vous êtes conscients à la fois du ciel bleu et des oiseaux qui passent et s'entrecroisent en tous sens dans cet espace illimité; cette coexistence de la conscience silencieuse et des formes de conscience devient un état naturel dans le courant de l'existence, une méditation dans l'action.

Même si le but est d'atteindre un état de méditation parfait, la totalité du travail proposé par Swâmiji, « *chitta shuddhi* », purification ou épuration du psychisme, *vasanakshaya*, érosion des propensions, *manonasha*, destruction du mental, reste en fait intimement lié à la méditation, à la possibilité que celle-ci vous devienne un jour aisée et naturelle. Alors vous dépassez le paradoxe de se tendre pour se détendre, de faire des efforts pour atteindre l'état sans effort. Vous ne pouvez pas faire l'économie d'une vision d'ensemble de votre existence et d'une manière nouvelle beaucoup plus consciente, cohérente et délibérée de mener cette existence afin de pacifier peu à peu la source même de ces célèbres *vrittis* de *chitta*, tourbillons du psychisme. Dans cette démarche, c'est l'intégralité de ce que Swâmiji m'a permis de comprendre, toutes les certitudes qu'il m'a données et que j'essaie de partager avec vous livre après livre, qui est à mettre en œuvre.

Intéressez-vous surtout aux obstacles à la méditation. Ces obstacles ont toujours existé. Les textes sont clairs à cet égard. Mais ce qui doit être clair aussi pour vous, c'est que nous nous trouvons, nous Occidentaux modernes, dans une condition très défavorisée par rapport aux anciens. N'essayez pas de mettre en pratique exactement et exclusivement la méthode décrite dans les Yoga Sutras de Patanjali destinée à une petite élite de l'humanité il y a deux mille ans.

Dans ce monde tellement plus simple que le nôtre (à un point que nous avons même du mal à nous représenter), où il y avait peu de préoccupations, où la mentalité était familiarisée avec le oui, l'acceptation et l'absence de crainte, ces Yogas Sutras s'adressaient à une minorité. Les deux premiers chapitres « yama » et « niyama », points d'éthique du yoga, représentent déjà une immense liberté intérieure : peu de peurs, peu de désirs, l'absence de vie sexuelle, la vie auprès du maître dans la pauvreté pour se consacrer exclusivement à l'ascèse. Je suis frappé de voir le nombre de traductions et de commentaires des Yoga Sutras qui paraissent maintenant en préconisant une méthode qu'on n'utilise que partiellement. Qui est capable aisément et spontanément de ne rien vouloir, de ne s'attacher à rien?

Peu à peu, avec les possibilités qui vous sont offertes et dont vous pouvez évaluer à la fois la portée et les limites, vous vous trouverez de plus en plus ramenés vers cet essentiel. Mais tant que subsistera en vous : je n'ai pas fait ce que j'avais à faire, je n'ai pas reçu ce que j'avais à recevoir, je n'ai pas donné ce que j'avais à donner, les obstacles à la méditation ne disparaîtront pas. Pire, non seulement je n'ai pas fait ce que je portais en moi de faire mais je n'ose même pas le tenter. Je n'ai pas reçu ce que je portais en moi de recevoir, mais je ne suis même pas en mesure de le recevoir : je suis bloqué, coincé, toujours insatisfait. Je n'ai pas donné et je suis tellement pris dans mes propres problèmes que je suis incapable d'adresser un mot gentil à mon voisin croisé dans l'escalier. Je portais le don en moi, j'étais fait pour être une nouvelle Mother Thérèsa mais « évidemment il faut un minimum d'argent pour construire un hospice et je ne l'ai jamais trouvé »... Ces blocages vous font tourner en rond dans le désespoir, la frustration, l'amertume... Croyez-vous que vous pouvez d'un côté crier et de l'autre faire silence? Regardez en face les obstacles à la méditation. Quel lien les « cogitations » qui vous assaillent ont-elles avec les données concrètes de votre existence? Pouvez-vous quelque chose pour diminuer ces agitations, pour agir non sur la méditation elle-même mais sur les obstacles à la méditation?

Un point doit être bien compris. Vous approchez peu à peu du moment où vous ressentirez une impression d'achèvement, d'accomplissement, de non-frustration, soit parce que vous aurez compris comment combler certaines demandes, soit parce que vous aurez découvert que certaines demandes peuvent tomber sans avoir été satisfaites. Vous marchez vers le moment où vous sentirez : il n'y a plus rien qu'il soit pour moi vital d'accomplir, vital de donner, vital de recevoir. Je suis libre, je suis disponible.

Comment pouvez-vous atteindre cette liberté intérieure qui va vous rendre aisés le silence et le retour à la pure Conscience? Il y a donc comme préalable une vaste perspective qui s'étend sur plusieurs années : mener consciemment, délibérément votre existence pour que peu à peu ce ne soit plus la frustration qui domine. Une vue d'ensemble du mécanisme même du désir et la peur, des relations entre le désir actuel et les besoins anciens de l'enfant qui n'ont pas été satisfaits donne une connaissance, une compréhension qui devient libératrice.

« Ici et maintenant » – ce matin, ce soir, demain – que vous est-il possible de faire, de recevoir, de donner? Ce n'est plus la perspective d'une existence, mais celle d'une journée, d'une semaine de votre actualité. Et laissez-moi encore vous dire quelque chose qui n'est ni mystérieux ni ésotérique mais se révélera tellement important par rapport à vos tentatives de méditation.

Qu'est-ce que je peux faire aujourd'hui que je n'ai pas fait? Écrire une lettre, signer un chèque, le mettre dans l'enveloppe, poster ce courrier, classer la facture, donner un coup de téléphone? Qu'est-ce que je peux faire que j'ai omis de faire, que j'ai laissé de côté, que je remets sans cesse au lendemain? Qu'est-ce que je peux recevoir, que je peux me donner à moi-même? Qu'est-ce qui réclame en moi? Et vous verrez que quelque chose est possible, eût été possible hier, eût été possible ce matin, est possible maintenant. Et même si rien n'est possible tout de suite, mais si vous savez que vous venez de prendre une vraie décision honnête, pas une décision que vous n'avez aucune intention de tenir, il y a déjà un commencement de liberté. Naturellement si, au bout de huit jours, la décision n'a pas eu de suite, tout le bouillonnement intérieur va recommencer. Je vais nager, je vais marcher, je vais me faire faire des massages si mon corps a vraiment besoin d'être touché, je vais aller au cinéma parce que cela va me changer les idées, même des choses aussi simples vous pacifient l'esprit.

Qu'est-ce que je peux donner? Là, maintenant, sans attendre. Non seulement je n'ai pas fait, je n'ai pas donné, je n'ai pas reçu, mais je ne fais pas, je ne donne pas, je ne reçois pas. Et ensuite j'essaie d'être silencieux dans la méditation. Quelle contradiction! Qu'est-ce que je peux donner maintenant? Un coup de téléphone à Michel qui vient d'être opéré? Il a dû sortir de clinique et je vais prendre de ses nouvelles. Ou bien, je vais voir cet oncle hospitalisé : je n'ai pas une relation tellement intime avec lui mais si j'y vais vraiment pour lui, j'aurai donné quelque chose. Et par cette fidélité à votre vérité particulière d'aujourd'hui – tout le monde n'a pas un oncle à l'hôpital – vous allez faire disparaître cinquante pour cent des obstacles actuels à votre méditation. Cinquante pour cent des agitations, des pensées, des tourbillons de chitta proviennent d'une vie mal gérée en ce moment, ces dernières semaines, aujourd'hui et de cette conscience que je vais la mener aussi mal dans les jours qui viennent, remettre au lendemain ce que j'ai à faire, en refusant de reconnaître ce qui crie en moi. Votre méditation se révélant infructueuse sur ces bases fausses, vous changez de méditation, vous passez de la descente dans le hara à la concentration sur la flamme d'une bougie sans voir que vous piétinez sur place.

Mais en plus des petites demandes qui jalonnent vos journées, il y a aussi les grandes demandes qui crient en vous. Et si ces aspirations à l'échelle d'un destin ne sont pas satisfaites, il vous devient très difficile de vous établir dans le silence intérieur, ici, maintenant : plus de passé, plus de futur. Il ne s'agit plus seulement d'exigences quotidiennes comme de remplir un chèque et de le mettre sous enveloppe pour le poster, toutes ces petites choses que vous pouvez accomplir journellement dans les trois directions de recevoir, de faire et de donner; il s'agit d'un désir majeur, par exemple une ambition professionnelle qui pour l'instant n'a pas pu se concrétiser ou l'espoir non encore comblé de rencontrer le grand amour de votre vie. Ou encore des rêves de voyages lointains que vous n'avez pas pu réaliser.

La vasana cherche à s'accomplir, c'est vrai. Que pouvez-vous faire *maintenant* pour lui donner un début d'accomplissement? Je rêve de voyager. Qu'est-ce que je peux faire? Je n'ai pas un sou. Je gagne tout juste ma vie, je ne dispose d'aucune économie pour partir au loin. Bon, pour bien voyager, il est utile de se débrouiller en anglais, parlé dans le monde entier. Par conséquent, je fais un peu d'anglais. Je n'ai vu ni l'Hindu-Kush, ni le Pamir, ni l'Himalaya, ni la Birmanie ni le Japon, je n'ai pas bougé de chez moi, mais j'ai agi et par cette action toute simple, je suis en paix.

Ou bien, j'ai une grande ambition professionnelle. Je veux devenir cinéaste. Des metteurs en scène me promettent qu'ils me prendront comme assistant dans le film qui, que... et ça ne se réalise jamais. Mais je peux prendre un ouvrage d'optique et approfondir ma compréhension de l'utilisation des objectifs qu'on met sur la caméra. Ou me rendre au musée du Louvre, regarder les tableaux, étudier leur composition, leur cadrage.

Je prends là un exemple que j'ai connu. Supposez que vous ayez une forte vocation de vous exprimer comme artiste. Si vous vouliez être dessinateur, rien ne pourrait vous empêcher de dessiner, mais si vous voulez être cinéaste, il vous faut un producteur et c'est plus difficile. Si vous avez passé la journée au Louvre avec l'intention délibérée de préparer l'avenir – contempler des œuvres pour vous former en tant que futur cinéaste – et que le soir vous méditez, la vasana « je veux devenir un grand réalisateur » vous laissera tranquille pendant cette méditation alors que vous n'avez pas encore tourné le moindre film. Et si vous avez fait une heure d'anglais avec l'idée que cela jouera son rôle le jour où vous pourrez voyager, la vasana « je n'ai pas voyagé, je suis fait pour connaître ces paysages merveilleux » vous laissera elle aussi tranquille.

Et si la nécessité qui vous brûle est : je veux rencontrer le grand amour, que faire aujourd'hui même? Si une femme rencontre l'homme de sa vie, peut-être cet homme souhaitera-t-il qu'elle ne soit pas seulement belle dans son âme mais dans son corps. Vous pouvez faire aujourd'hui un peu de culture physique pour éviter de prendre du poids et conserver une démarche souple. Et, dans votre esprit, cette culture physique étant liée à votre espérance, la vasana profonde elle aussi vous laissera en paix ce soir pendant votre méditation.

J'ai mis longtemps à comprendre des vérités aussi simples. Qu'est-ce que je peux faire tout de suite? Payer une facture. Qu'est-ce que je peux donner tout de suite? Rendre visite à mon oncle hospitalisé. Qu'est-ce que je peux recevoir tout de suite? Une promenade, un film, un plaisir qui soit à ma portée. Ces petites choses qui n'ont l'air de rien produisent de grands effets puisqu'elles vous mettent en paix avec vous-même et vous rendent votre liberté d'esprit. Aujourd'hui, il est midi, ai-je fait ce que j'avais à faire ce matin? Oui ou non? *Deliberate living*, une existence délibérée, consciente, heure après heure. Huit heures du matin, je suis à jour. Quatre heures de l'après-midi, je suis à jour. Huit heures du soir, je suis à jour. La moitié des obstacles à la méditation disparaissent en quelques semaines quand vous avez décidé de vivre consciemment.

***

Et puis, mais cela prendra des années, c'est l'enjeu d'une existence, pour pénétrer et demeurer dans le grand silence des profondeurs, vous aurez à devenir fondamentalement libres de tous les désirs et de toutes les peurs.

Les désirs sont comme des créanciers : ils vous harcèleront, quelles que soient par ailleurs vos aspirations spirituelles, tant qu'ils n'auront pas été satisfaits. Mais retenez bien un point : satisfaits ne veut pas dire accomplis. Cet accomplissement sera souvent nécessaire. Il ne le sera pas toujours. Trop d'entre vous, ne lisant qu'une ligne sur deux de ce que j'ai dit et publié, ont pris pour principe : « Il faut accomplir les désirs pour en être libre » – ce qui permet tout et justifie n'importe quoi au nom glorieux de la Libération. « Je baise ma belle-sœur, Dieu le veut. » Êtes-vous stupides ou voulez-vous me faire passer pour aveugle? S'il suffisait pour être « libéré » d'accomplir ses désirs de succès, célébrité, richesse, relations mondaines, conquêtes sexuelles, voyages et séjours dans des palaces – alors les grands jivanmuktas du XXe siècle seraient Pablo Picasso, Maria Callas, Alain Delon ou Bernard Tapie. Soyons sérieux.

Sans les tendances centrifuges, la réalisation du Soi serait tout à fait aisée. La possibilité de conscience se tournerait intégralement vers elle-même, vers sa propre source et vous découvririez l'Être absolu, ce que vous êtes. Mais il existe des dynamismes qui vous poussent vers l'extérieur et ceux-ci se manifestent concrètement dans des actions : vous vous passionnez pour certaines personnes, pour les travaux que vous accomplissez, les voyages que vous entreprenez. Et cette attirance vers le dehors s'exprime aussi sous la forme des impulsions et désirs que vous ne réaliserez pas mais qui vous arrachent au centre. La « périphérie » se manifeste en vous comme pensées, espoirs, projets. Le dedans ultime n'a rien à voir avec l'extérieur, rien à voir avec « un autre », ne s'occupe en rien d'un autre ni pour le désirer ni pour le refuser. Mais une prétendue « vie intérieure » peut n'être faite que de pensées, de représentations, d'espérances, d'émotions qui toutes concernent la dualité : moi et non-moi.

A cet égard les êtres sont très inégalement doués. Quelques-uns – rares – ont très peu d'attirance pour le monde des formes. Peut-être cette situation actuelle a-t-elle été préparée par des vies antérieures mais la constatation est là : ils sont naturellement enclins à la contemplation. D'autres sont intensément attirés vers l'extérieur, sous toutes les formes possibles, et ce mouvement vers la profondeur d'eux-mêmes leur est extrêmement difficile. Essayer de faire converger toutes leurs énergies vers le centre, vers la source, en deçà des innombrables manifestations et expressions possibles, représente pour eux une tâche surhumaine.

Il arrive pourtant que certains de ces êtres orientés vers l'extérieur ont, en même temps, la nostalgie de Dieu. Qu'est-ce qui peut leur venir en aide? D'abord, la vision de la vérité : j'éprouve la nostalgie d'un état d'être qui ne dépendrait d'aucun avoir, d'aucune relation, complet et parfait en lui-même – et, en même temps, ce que je ressens comme « un autre que moi » a tellement d'importance, soit sous la forme des peurs, des craintes et des refus, soit sous la forme des intérêts, des passions, des désirs.

Voyez que vous êtes à l'intersection de ces deux mouvements de la conscience en vous : de l'intérieur vers l'extérieur ou, au contraire, de l'extérieur vers l'intérieur; du centre vers la périphérie ou de la périphérie vers le centre; de la profondeur vers la surface ou de la surface vers la profondeur. Et *vous* – le disciple en vous – êtes situé entre les deux.

Si vous êtes vraiment un contemplatif, l'appel du Centre, l'appel mystique l'emportera. Mais les contemplatifs sont rares. Si vous voyez que les deux attractions coexistent en vous, vous êtes inévitablement amenés à tenir compte du mouvement vers l'extérieur qui, à première vue, est exactement opposé à l'*adhyatmâ*, « en direction du Soi ».

De manières diverses les différents enseignements ont essayé d'aider à ce que la nostalgie de l'intérieur l'emporte sur la fascination de l'extérieur. Une part du bouddhisme tente de convaincre l'aspirant de l'inanité des intérêts (variés) pour le monde sensible : tout ce sur quoi vous jetez votre regard est changeant, destructible, éphémère. Ce qui n'existait pas hier, qui n'existera pas non plus demain, quelle importance cela peut-il avoir aujourd'hui? On trouve des évocations presque macabres : imaginez cette femme si belle, avec sa peau douce, son regard merveilleux et regardez ce qu'il y a à l'intérieur : des organes, des viscères. Effectivement, si vous disséquez un cadavre, ce que vous voyez n'a plus la beauté éblouissante du regard, des mains, des cheveux, des seins d'une séductrice. Et cet amas de viande et d'organes se trouve sous la peau satinée de la plus belle femme du monde.

Certaines descriptions orthodoxes dans le bouddhisme ont d'abord pour but de provoquer un choc. Mais, vous le savez, tout ce qui s'avère utile et bénéfique peut aussi se révéler nuisible. Ce mépris pour la chair, qui a sa place dans beaucoup d'enseignements spirituels, risque de nourrir le mental et d'être une réaction, un mensonge, une hypocrisie. Il peut aider; il peut aussi bien ne pas aider du tout. Il y a des méditations qui consistent à aller dans des cimetières ou charniers et à se convaincre intimement que tous les corps humains seront un jour décomposés. Comment pouvons-nous alors attacher une telle importance à l'apparence physique?

Vous rencontrez aussi une autre démarche, bien représentée dans l'hindouisme : « Tant que cet extérieur vous intéresse tellement, tenez-en compte. C'est quand il aura perdu son pouvoir de fascination que vous serez vraiment qualifiés pour la plongée vers le centre. » Et encore là, il y a deux langages : quand vous serez vraiment déçus, entièrement déçus, désillusionnés, il n'y a rien à trouver, c'est le « miroir aux alouettes » – ou quand vous serez entièrement contentés, comblés – eh bien maintenant j'ai tout dans ce domaine – vous serez disponibles pour vous tourner vers la Conscience. Swâmiji, lui, utilisait les deux approches : quand vous serez entièrement satisfaits et quand vous serez entièrement déçus – les deux en même temps.

Vous êtes tellement attirés par l'existence? Retournez vers l'existence. Vous voulez le succès? Battez-vous. Vous voulez une maison, une femme, des enfants? Mariez-vous! Vous voulez créer, produire, construire, gérer, diriger, vendre, diffuser, propager? Faites-le!

Accomplissez. Et soyez satisfaits. Vous voulez vraiment? Allez-y! Malheureusement de nos jours la société de consommation nous propose tellement de possibilités que nous avons l'impression de vouloir tout, de ne pouvoir être heureux que si nous avons tout et la tâche de la satisfaction est devenue infiniment plus laborieuse... De plus en plus d'êtres élevés dans les conditions du monde moderne sont insatiables parce que névrosés. Je le redis une fois encore : comme un certain nombre de psychologues l'ont découvert et le crient, les enfants ne reçoivent plus ce qui leur est indispensable car les conditions de la société ne permettent plus aux parents d'être vraiment des parents. Et cela s'aggrave à chaque génération, parce que des enfants qui n'ont pas été nourris émotionnellement comme ils devaient l'être ne pourront pas se montrer des adultes en face de leurs propres enfants. Les désirs des adultes sont des compensations à des besoins d'enfants – par conséquent, ils ne seront jamais satisfaits.

La mise en œuvre de l'enseignement traditionnel devient de plus en plus difficile. D'abord, il y a trop de demandes, puisque la société de consommation ne cesse d'en créer de manière à augmenter la vente dans tous les domaines, alors que le but est de satisfaire ses nécessités et d'être libre. Et, d'autre part, il est à peu près impossible d'apaiser les désirs puisque les désirs des adultes sont des compensations aux frustrations de l'enfant, donc émotionnelles et enracinées au plus profond du cœur et de l'inconscient. Si un être a pu, à douze ans, combler ses demandes de douze ans, à vingt ans ses demandes de vingt ans et à quarante ans ses demandes de quarante ans, au moment des premiers cheveux blancs, des premières rides, cet être est mûr pour se tourner vers la profondeur et chercher en lui la plénitude du Soi non duel. Cela n'est plus guère le cas aujourd'hui.

En Inde, certains mystiques pouvaient devenir directement sannyasins – celui qui a renoncé au monde. L'origine du bouddhisme a été un appel à ceux qui voulaient suivre l'exemple du Bouddha, pour devenir eux-mêmes immédiatement détachés de tous les buts ordinaires. Ne perdez même pas une minute! Que représente la satisfaction de ces désirs? Quelle joie pouvez-vous trouver dans un monde de condamnés à mort? Tous ceux sur lesquels votre regard se pose, sans exception, sont nés pour mourir et dans cent ans il n'en restera plus rien. Pourquoi vouloir – quoi que ce soit –, se battre, entrer en concurrence? Mais pour quoi? Mais regardez!

Vous connaissez l'histoire du Bouddha. Il avait été comblé dans sa jeunesse comme fils bien-aimé d'un roi. On s'était arrangé pour qu'il ne voie jamais la vieillesse ni la mort, mais seulement la jeunesse et la santé. Sortant pour la première fois de l'enceinte du palais royal, il croise un vieillard décrépit : « Qu'est-ce que c'est? Et tout être deviendra un vieillard? » A sa deuxième sortie, il rencontre un malade, jaune, maigre, grelottant : « Tout être humain est susceptible de devenir malade? Moi aussi, je pourrais être dans cet état-là? » Ensuite le Bouddha voit un cadavre : « Qu'est-ce que cet homme qui ne respire même pas? Tout homme deviendra un cadavre un jour? Moi aussi? » Et, pour finir, il croise un ascète portant la robe orange des moines hindous, un sannyasin, au regard vif, lumineux, intense. Il demande à son majordome : « Pourquoi est-il vêtu ainsi, pieds nus, différent des autres, les cheveux rasés? » Et son majordome lui répond : « C'est un homme qui ne s'intéresse qu'à un seul but, savoir s'il existe dans l'être humain une Réalité qui n'est jamais malade, qui ne vieillit pas, qui ne meurt pas. »

A partir de là, l'avenir princier du Bouddha est définitivement compromis. Une fête a été organisée au palais, avec des danseuses, des musiciennes, des courtisanes, des amies de son épouse. Quand le Bouddha quitte à jamais le palais, la nuit, toutes dorment, affaissées, vautrées, la bouche entrouverte; certaines ronflent. Et le Bouddha voit dans ce sommeil comme un signe ultime. Quelle dérision de voir ces femmes si séduisantes, si charmantes et qui paraissent soudain tellement ordinaires, presque vulgaires – comme si cela devait éteindre ses derniers regrets. Ce thème très important de la mythologie bouddhiste a été représenté dans bien des œuvres d'art.

***

J'admire maintenant, avec le recul, l'habileté de Swâmiji pour nous guider simultanément selon la ligne bouddhiste « voyez l'inanité de ce qui vous attire » et la ligne hindoue « regardez la beauté de ce monde ». Les temples hindous sont couverts de sculptures qui montrent chaque aspect possible de l'existence, pas seulement des sculptures érotiques, bien sûr. Swâmiji nous demandait : « Qu'est-ce que vous voulez? Et pourquoi pas? » C'était un admirable psychologue qui savait lever les inhibitions, les complexes, les peurs, les culpabilités inutiles. De tout ce qui n'était pas criminel, Swâmiji nous disait : « Oui, vous pouvez. » Et même : « Prenez des risques : *Be bold* », soyez audacieux.

J'avais été – je vous livre un souvenir de jeunesse – très frappé par le titre d'un livre qui n'a aucune prétention à la sagesse. C'est l'œuvre d'une vedette du show-business américain, Sammy Davis Jr, celui qui disait : « Je suis un des rares hommes qui puissent se vanter d'être à la fois noir, juif et borgne. » Ayant épousé une femme blanche et fait scandale aux États-Unis, il a écrit un livre intitulé : *Yes, I can.* « Oui, je peux. » Je n'avais pas d'intérêt particulier pour Sammy Davis Jr, tout en lui souhaitant beaucoup de bien, mais ce titre m'avait touché. Que j'aurais voulu oser dire : « Oui, je peux. » Et je sentais que, dans tant de domaines, la vérité était : « I cannot », « je ne peux pas, cela ne se fait pas, jamais je n'oserai » et que je n'étais pas unifié. Ce n'était ni la compréhension, ni l'amour du prochain, ni le détachement, mais la peur de m'affirmer, la timidité, les préjugés, l'incapacité. Et Swâmiji agissait comme un psychologue : « *You can* » – « oui, Arnaud, vous pouvez. »

Dans ces conditions, cela a une chance d'aller vite. Il ne faut pas des milliers d'existences. Si je veux tenter de satisfaire mes désirs et, par là, comprendre l'essence de ce monde qui me fascine mais que je le fais à moitié, combien de temps faudra-t-il? Si j'agis complètement, je peux m'éveiller beaucoup plus rapidement. Si je sens « *yes, I can* » – « je veux ou je ne veux pas? », je me mesure avec le monde. C'était un aspect important dans l'enseignement de Swâmiji. Il ne suffit pas de répéter : « Ce monde n'est que vanité des vanités, tout est périssable, tout est corruptible, vous serez toujours déçus. » Puisque de tels dynamismes vous arrachent à l'atman et vous poussent au-dehors, soyez véridiques. Mais le but, ne l'oubliez jamais, c'est d'être libre de ce mouvement centrifuge. Le but a toujours été *adhyatmâ*, vers le silence intérieur, l'effacement de l'ego et la liberté du Soi au plus profond de nous. Et en même temps, Swâmiji était un maître bouddhiste autant qu'un maître hindou. « Regardez le jeu même de ces désirs. Qu'est-ce que la satisfaction des désirs vous apporte? Dès qu'un désir est satisfait, un autre apparaît. » Ce qui est particulièrement visible dans ce qu'on appelle la réussite professionnelle est vrai pour tout. Si vous logez dans un petit studio et que vous déménagez dans un bel appartement, le jour où vous irez dîner chez une relation qui possède un duplex luxueux dans l'île Saint-Louis, votre nouvel appartement vous semblera miteux. Il n'y a aucune limite à l'insatisfaction des désirs.

Swâmiji était un sannyasin, un swâmi, qui avait « renoncé au monde » ou plutôt, comme il disait, « à qui le monde avait renoncé ». Oui, le monde l'avait laissé s'échapper du royaume de la dualité, de la frustration et de la peur.

Je voudrais que vous entendiez ces explications en vous référant constamment à la réalisation du Soi, celui des Upanishads, celui de Ramana Maharshi, celui du sage hindou qui vit dans la plus extrême pauvreté, immobile, le regard fixé au loin, entièrement immergé dans l'infini. Mais le mouvement vers l'intérieur croise le mouvement vers la surface, vers la périphérie. Et les demandes insatisfaites sont toujours latentes, implicites, dans toutes vos tentatives de méditation, comme des ennemis sans pitié.

Il ne vous est pas facile de faire silence, de ne plus rien penser, même pas : « Je suis silencieux. » Rien, le Vide. Simplement être; c'est tout. Vous *êtes* Cela, vous *êtes* brahman, vous *êtes* atman, vous *êtes* Conscience infinie. Alors, que je sois ce que je suis! Ce n'est même pas « devenir ce que vous êtes », titre assez expressif, mais *être* ce que vous êtes. Vous l'êtes, la Conscience suprême!

Quel effort pour réduire au silence les multiples dynamismes latents qui veulent vous projeter vers l'extérieur! Sinon aucune ascèse ne serait nécessaire : vous seriez tous des Ramana Maharshi qui ont découvert l'atman en quelques minutes. Pourquoi existe-t-il de telles méthodes, aussi élaborées, aussi perfectionnées? Parce que l'acte le plus simple, immédiat, toujours possible – l'Éveil – est pratiquement si difficile. Nous nous croyons libres et puis voici qu'à quarante ans naissent en nous des désirs dont nous ne soupçonnions pas même l'existence.

Le Chemin se situe à l'intersection de ces deux mouvements : le mouvement vers l'intérieur et l'érosion du mouvement vers l'extérieur, le dynamisme centrifuge. Vous allez diminuer ce mouvement vers l'extérieur de deux façons. Tout d'abord en allant vers l'extérieur. Premier point. « *Yes, I can.* » Je vais donner satisfaction à ces demandes pour qu'elles s'apaisent. Tu veux l'argent? Bien, tente et vois. Tu veux l'amour? Cherche et vois. Tu veux les conquêtes sexuelles? Essaye et vois. Tu veux la célébrité? Bats-toi et vois. Au moins, agissons. Agissons intelligemment, agissons consciemment; expérimentons en disciples, en n'oubliant pas que le but c'est de devenir libre le plus vite possible et découvrir Cela ou Celui qui est plus grand, plus beau, plus parfait *que tout.* Si votre idéal dans la vie demeure Ramana Maharshi, nous parlons le même langage. Si votre idéal dans la vie c'est le président des États-Unis ou Casanova, il y a un malentendu entre nous.

L'ensemble du Chemin commence à s'éclairer. Il faut que je tienne compte de mes désirs. Quels sont mes désirs? Qu'est-ce qui m'empêche de les satisfaire? Suis-je inhibé, névrosé, et, si c'est le cas, comment retrouver ma liberté? Comment m'y prendre? Si je cherche ce qui est totalement impossible, je suis condamné à souffrir. Comment puis-je vivre dans la vérité? Première démarche.

Deuxième démarche, la démarche bouddhiste menée parallèlement : « Mais qu'est vraiment ce monde qui me captive à ce point? Que représente la possession d'un bel appartement? Qu'y a-t-il de si douloureux et humiliant à habiter un petit logement? Est-ce vraiment si important pour moi? » Ne vous brutalisez pas. « Qu'y a-t-il de si fascinant dans le sexe opposé? Pourquoi est-ce si terrible de manquer d'argent? » Voyez chaque désir. Qu'est-ce qu'il en restera? Voyez ce pour quoi vous vous êtes tellement battus et, quand vous l'avez eu, cela ne vous a donné que des ennuis et des déceptions! Regardez les hommes qui se sont démenés pour conquérir une femme; trois ans après, ils dépensent autant d'argent en avocats qu'ils en ont dépensé en bijoux et en dîners au restaurant pour la séduire. Le plaisir ne vient jamais sans apporter aussi des souffrances. Allez-vous rester indéfiniment le nez collé à la vitre du magasin de jouets comme des enfants?

*
* *

Accomplissez les désirs que l'ordre juste (le dharma), votre destin (le karma) et l'intelligence ou le simple bon sens vous permettent d'exaucer – avec une attitude intérieure de plus en plus détachée. Cet assouvissement est souvent qualifié de tantrique. Voyez combien c'est délicat. Vous pouvez y réfléchir et cela peut commencer à vous aider – *mais à vos risques et périls. Et si vous êtes « détachés », alors tout ce qui est considéré comme désagrément, contrariété, souffrance, vous en êtes détachés aussi.* Voilà où est la pierre de touche! J'ai connu des gens qui se réclamaient du tantrisme pour proclamer : « Moi je suis absolument libre; je fume un paquet et demi par jour mais ce n'est pas moi, l'atman ne fume pas! » Il est certain que l'atman ne fume pas. « Je suis le Soi, je bois beaucoup mais c'est le corps physique qui boit et *pranamayakosha* qui est affecté par l'alcool, pas l'atman. » Indiscutable. « Je dépense énormément en mondanités, élégance, mais ce n'est pas l'atman. » Tout à fait d'accord sur le principe.

Seulement, si vous souffrez de coliques néphrétiques – ce n'est pas l'atman non plus! Oui, il faut être conséquent et logique. Si vous mourez d'un cancer, l'atman n'est pas concerné. Si vous vous trouvez dans une situation tragique, l'atman demeure inaffecté. Mais voilà ce qu'on oublie. Le tantrisme vous propose la liberté dès maintenant, même s'il reste encore certains désirs que vous laissez s'accomplir dans un suprême et serein détachement. Et on trahit l'autre aspect : le suprême et serein détachement de l'atman par rapport aux *koshas* et aux chaînes de causes et d'effets du monde phénoménal. Ce détachement doit être *total*; tout ce qui est considéré comme épreuves, trahison, abandon, humiliation, doit être accepté. Je laisse faire : c'est le monde relatif. *Ne prendre que la moitié de cet enseignement serait la preuve que vous justifiez votre esclavage et votre non-libération par une étiquette tantrique flatteuse mais totalement mensongère.*

Je parle de tous les aspects de l'existence et je parle à ceux qui portent en eux l'irrésistible appel du Soi mais qui se heurtent, malgré leur courage, au fait que le mouvement vers l'extérieur se poursuit. Il y a encore tant de demandes en moi, combien de temps cela va-t-il durer? Ah non, ne me dites pas : « Accomplissez dans cette existence ce que vous pouvez, le reste sera pour la prochaine existence. » Je veux être libre aujourd'hui, ici, maintenant. « Je suis le Soi », « Je suis Cela. » Si c'est vrai, j'en ai assez de me voir toujours pris, emporté, élevé, abaissé, glorifié, humilié... C'est fini! Il y a encore des désirs, eh bien il y a encore des désirs, mais pour moi c'est terminé. Même si ces désirs sont encore là, je veux être libre. Et je suis libre.

Je ne prône pas aujourd'hui une voie de mensonge. Je vous dresse un tableau qui inclut toutes les possibilités que l'Inde nous a offertes. Voyez l'intégralité de la démarche hindoue, la vision positive qui prévoit un accomplissement spécifique pour chaque âge de la vie : mariez-vous, ayez des enfants, gagnez de l'argent, aménagez une jolie maison, composez des symphonies ou fabriquez des meubles si vous êtes menuisier. Et après, ayant satisfait vos désirs, vous en serez libres. Puis l'approche bouddhiste : quel intérêt trouvez-vous à satisfaire des désirs tellement vains, tellement limités? Où cela vous conduit-il? Ouvrez donc les yeux, ne soyez pas dupes! Ayez une vue complète de l'ensemble. Voyez cet affolement des hommes qui courent, s'attirent, se repoussent, se battent, pleurent, se consolent, s'aiment, se haïssent, pour en revenir indéfiniment à la souffrance!

Et la troisième approche, celle du tantrisme : vous êtes libres ici, maintenant, à l'intérieur des tragédies, des trahisons, des échecs. Si vous voulez l'un, prenez l'autre; si vous êtes capables de prendre les deux, vous avez choisi la vérité. Mais dites oui aux deux. Ne proclamez pas : « Je suis pur Témoin, je suis pure Conscience », tout en prenant peur s'il y a une menace de chômage, si un collègue vous hait, si votre épouse vous trompe ou vous abandonne. Trop souvent dès que le revers de l'existence dans le monde phénoménal se manifeste, il n'y a plus d'atman, il n'y a plus de Nature-de-Bouddha. Il y a la peur, la révolte et un pauvre être qui se débat piteusement – et tente de fuir sa réalité dans les beautés de la méditation.

Vous n'êtes pas ce corps, vous n'êtes pas le mental, vous n'êtes pas la buddhi, vous n'êtes pas l'ego, vous n'êtes pas la mémoire – vous êtes la conscience infinie. Quand pourrez-vous échapper une fois pour toutes à cette finitude? Cessez de vous battre avec elle!

Réconciliez l'intense et permanente aspiration à l'Absolu et la réalité du désir. Mais sans mensonge, sans compromission, sans illusion, dans la rigueur qui caractérisait Swâmi Prajnanpad et en considérant que l'Ultime est au-delà de *tous* les koshas et révélé par la disparition de *tous* les désirs. C'est la suprême réalisation dans laquelle sont réunifiés le relatif et l'absolu, l'action et la non-action, la dualité et la non-dualité.

La puissance du désir; le combat épuisant et tragique mené par certains moines contre leurs désirs et les pensées harcelantes qui les troublent année après année; les efforts quotidiens de méditation et la lutte harassante contre les distractions qui naissent des vasanas encore actives dans l'inconscient; l'incapacité à être, au-delà du temps, dans l'Éternel Présent et la création du futur par les demandes insatisfaites – tout est crucial. Désirs humains et désir de Dieu, *pavritti marga* et *nivritti marga*, sont au cœur de tout Chemin – et depuis toujours.

Portez courageusement et le plus sereinement possible la Croix qui joint cette ligne horizontale et cette ligne verticale. Expérimentez, réfléchissez, espérez, découragez-vous, priez, luttez – mais ne prenez jamais à la légère et ne parlez jamais inconsidérément d'un thème aussi grave : l'accomplissement conscient de vos désirs pour en être libres.

A mesure que les désirs et les peurs perdent leur emprise, vous commencez à entrevoir ce que peut être le silence de la méditation. Une pensée vient, vous la voyez, elle ne vous emporte pas. Vous sentez que vous retournez au repos, au calme, à la non-manifestation, à l'essentiel. Pourtant, vous savez que vous n'avez pas achevé la purification de l'inconscient, que vous n'êtes pas prêts à mourir demain : il y a encore une trop grande soif de vivre, de vous exprimer. Pourtant une paix se révèle qui n'est pas forcée. C'est vraiment retourner à soi-même. Les grandes demandes sont toujours là mais, comme des créanciers, elles ont confiance que vous tiendrez compte d'elles puisque vous avez fait ce que vous pouviez déjà faire pour les apaiser. Et tout naturellement elles vous octroient un moment de vrai silence. Une pensée apparaît? Elle n'a plus cette charge contraignante qui vous arrachait à vous-même. La méditation devient alors aisée. Ce n'est plus un effort de non-effort, une action pour être sans action. C'est le retour au repos. Pourquoi la pensée bougerait-elle si elle n'a pas de raison de bouger? Méditer se révèle être votre vraie nature.

DEUXIÈME PARTIE

TÊTE, CORPS ET CŒUR

3

LA MAITRISE DES PENSÉES

La pratique persévérante de l'assise immobile et de l'attention intérieure vous conduira peu à peu à une maîtrise croissante de vos états émotifs et de vos pensées dans le courant de vos journées. Mais, inversement, tarir la source même des agitations mentales inutiles grâce à une vigilance accrue au sein des activités rendra les moments de méditation de plus en plus aisés. Le silence des profondeurs vous sera naturellement accessible et vous établir dans le Soi ne sera plus un rêve sans espoir.

Toute méditation fait appel à notre capacité d'attention. Or c'est un fait constaté dès l'enfance et l'école, nos contemporains ont une attention de plus en plus dispersée. L'aspirant à la sagesse aura inévitablement un sérieux travail sur lui-même à effectuer pour contrôler, d'une manière générale, le vagabondage de son mental.

L'absence des *pensées* (*thoughtlessness*) était l'un des accomplissements que nous proposait Swâmi Prajnandad. Il s'agit d'un point capital; mais qu'est-ce que Swâmiji entendait par absence de pensées?

Je dois dire qu'en lisant cette expression dans une de ses lettres, il y a bien longtemps, j'ai réellement buté dessus. Je comprenais bien ce que pouvait être l'absence de pensées dans un état de méditation, mais je ne voyais pas ce qu'elle pouvait représenter à longueur de journée ni quel parallèle pouvait être établi entre ces deux expressions : « destruction du mental » et « absence de pensées ».

Toute méditation est une tentative de contrôle des pensées pour les orienter dans une direction bien définie et surtout pour les suspendre afin d'atteindre un état de conscience plus profond que celui de l'agitation habituelle. Et tous ceux qui ont tenté une forme de méditation ou de concentration ont pu constater combien il était difficile de rester sans penser. Mais ce n'est pas le thème que je veux approfondir maintenant. Que signifie, sur le Chemin que je propose, l'extinction des pensées dans le courant de nos existences? Comment peut-on vivre sans penser? Il s'agit d'abord d'une question de terminologie. Swâmiji distinguait nettement *voir* et *penser*.

Une pensée intelligente, une pensée justifiée, est ce que Swâmiji appelait vision. Après avoir beaucoup réfléchi sur ce thème, je suis arrivé à la conviction que le vocabulaire de Swâmiji s'avérait le plus efficace : l'utilisation du mot *vision* pour le bon fonctionnement de notre intelligence et du mot *pensée* pour désigner l'aveuglement du mental.

« Penser » revient le plus souvent à isoler un élément de la totalité. D'une situation qui comporte un grand nombre de facteurs, vous extrayez *un* détail qui vous touche particulièrement et vous le « montez en épingle » de façon tout à fait arbitraire en oubliant le contexte. Placé devant l'œil, un doigt peut cacher l'immensité de l'horizon. Voir, c'est au contraire intégrer le détail dans un vaste ensemble. L'émotion refuse de situer la part dans sa relation avec le tout : elle fait venir sur le devant de la scène un élément, s'y cramponne et ne peut plus entendre parler de ce qui la contredit. Si vous en voulez à quelqu'un, vous écartez sans merci les nombreuses raisons que vous avez de lui être reconnaissant et même de l'aimer. Ce mécanisme peut corrompre chaque relation, qu'il s'agisse de votre « gourou », de votre mari, de votre femme ou de votre fils. Il vous devient impossible de rappeler à la pensée négative toutes les raisons que vous auriez d'être positifs. Cette contradiction entre l'émotion et la vérité de la situation s'avère tellement insupportable que vous êtes obligés d'éliminer les autres facteurs dont il aurait justement fallu tenir compte. Sous l'emprise de l'émotion, les êtres humains déraisonnent, se trompent, aboutissent à une conclusion fausse et, à partir de là, agissent. La tragédie, ce n'est pas le chômage à quarante ans, ce n'est pas la trahison d'un ami sur lequel on croyait pouvoir compter, ce n'est pas même la mort d'un enfant, la véritable tragédie, c'est le mental dans sa folie.

Si vous vous intéressez à l'enseignement de Gurdjieff, lequel a bien des points de similitude avec celui de Swâmiji, vous trouverez deux expressions en français (bien que Gurdjieff lui-même n'ait pas parlé couramment notre langue) : le penser actif et le penser associatif. Le penser actif représente une pensée consciente, dirigée, qui ne part pas dans tous les sens et où chaque pensée – pour l'instant j'emploie ce mot – a sa valeur, sa nécessité, tandis que le penser associatif nous emmène dans une direction, puis dans une autre, une idée entraînant la suivante par association mécanique.

Le premier point important à comprendre c'est que la pensée ordinaire, celle qui doit disparaître, se trouve toujours liée à un élément d'émotion, même si cette émotion n'est pas nettement perceptible parce que, réprimée ou refoulée, elle ne subsiste en nous qu'à l'état latent ou non manifesté. Mais avec un peu d'habileté on la détecte dans les pensées, on s'aperçoit que ces pensées ne sont pas neutres. Au contraire, si nous *voyons*, nous utilisons le penser actif, et cette vision est exempte d'émotion. Par contre, elle s'accompagne et elle s'accompagnera de plus en plus de ce que nous appelons le sentiment, l'intelligence du cœur.

Par rapport à l'émotion vous pouvez considérer le sentiment comme « l'ouverture du cœur ». J'ai remarqué que cette expression venait spontanément à l'esprit de certains d'entre vous : « Je sens mon cœur s'ouvrir », « mon cœur n'est pas ouvert », « hier j'avais le cœur beaucoup plus ouvert qu'aujourd'hui ». L'émotion, à l'inverse, représente toujours une rétraction du cœur quand ce n'est pas une fermeture complète dans l'émotion négative que vous ressassez. La vision ne s'avère possible que si le cœur est ouvert. Et je vous montrerai tout à l'heure que cette ouverture offre une possibilité de contrôler ou de faire disparaître les pensées et, par là, de vivre dans le monde réel.

Pour commencer par le plus clair et le plus accessible, les pensées qui doivent et qui peuvent disparaître sont celles qui ne correspondent à rien de certain et qui fonctionnent pourtant comme si elles reposaient sur une certitude. Vous reconnaîtrez aisément ce type de pensées parce qu'elles nous sont familières, telles les pensées d'inquiétude. Prenons un exemple pour que vous puissiez appliquer ensuite le principe à vos destins respectifs. Supposons qu'il vous vienne souvent à l'esprit : « Mes moyens financiers ne vont pas continuer comme cela, je vais perdre ma situation, les prix augmentent, les gens ont de moins en moins d'argent pour acheter les produits que nous fabriquons, je ne sais pas comment je vais pouvoir faire face aux échéances. » Voilà le genre de cogitations qui ne reflète pas la situation telle qu'elle est mais qui peut cependant occuper votre esprit : l'un se fera du souci pour sa santé, l'autre pour le qu'en dira-t-on, un autre encore pour des événements qui risquent peut-être de se produire à l'échelon mondial. Il faut bien dire que, si la plupart de ces idées apparaissent à un regard lucide comme ayant bien peu de contact, pour ne pas dire aucun, avec la réalité, certaines – et là une acuité de vigilance sera nécessaire – se présentent comme intelligentes et justifiées alors qu'elles sont en fait inutiles, qu'elles tournent en rond, envisagent d'improbables éventualités sans conduire à aucune décision et ne font que consommer de l'énergie.

Également inutiles si vous voulez atteindre le but ultime, bien qu'elles soient moins néfastes en apparence, sont les pensées enthousiastes par lesquelles vous vous laissez emporter, comme celles de « Perrette et le pot au lait » dans la célèbre fable de La Fontaine. Ces pensées prétendument heureuses : « Tout me réussit » ou « mes rentrées d'argent vont augmenter » qui naissent à partir d'éléments pris dans la réalité mais s'en éloignent très vite, doivent aussi disparaître. Vous pouvez vous donner comme but – vous êtes d'accord ou vous n'êtes pas d'accord, mais c'est un point indispensable à clarifier sur le chemin – l'élimination complète de ces pensées qui confondent possibilité et probabilité.

Vous ne pourrez progresser plus loin dans les jours ou les années à venir, que si vous êtes décidés à éliminer ces errements. Il ne s'agit pas de savoir si un yogi tibétain peut les faire disparaître mais s'il existe dans vos existences réelles et concrètes une méthode pour qu'un jour ces vagabondages soient extirpés de votre cerveau. Fini. A partir de là, en dehors des moments où il est nécessaire de réfléchir, vous pourrez vous promener dans une forêt sans être harcelés par des associations d'idées et vous serez en mesure d'entendre les bruits, d'admirer les arbres, de voir les couleurs; et si des pensées apparaissent, elles n'auront rien à voir avec le type de pensées que je viens d'évoquer : il s'agira de pensées dont vous serez conscients au moment où elles se présentent, dont vous pourrez vous souvenir et qui seront beaucoup plus sobres en ce sens qu'elles ne prévoient ni le pire ou le plus inquiétant ni le plus merveilleux. Ces pensées simples correspondent à une action qui doit être accomplie, une situation dont vous avez à vous occuper : « Il va falloir que je téléphone à ma cousine pour savoir si son fils a réussi son examen » ou « il ne faudra pas que j'oublie en rentrant à Paris de faire ma déclaration de revenus » ou encore : « Cet été pour les vacances, ma fille a demandé avec beaucoup d'insistance si elle pourrait faire de la planche à voile; je dois me renseigner pour savoir s'il vaut mieux louer une planche ou en acheter une. » Des pensées surgissent liées à votre réalité actuelle et, si elles ne sont peut-être pas strictement nécessaires au « ici et maintenant », du moins ne relèvent-elles pas d'une émotion patente ou refoulée.

S'il subsiste un élément de malaise, un regret quelconque, vous n'aurez aucun mal à le détecter : « Tiens, je n'ai pas fait ça, j'aurais dû m'en occuper. » Non seulement vous en serez conscients mais vous aurez la capacité de faire la distinction intransigeante entre ces pensées-là et celles qui désertent sans vergogne la réalité, soit dans le sens de l'inquiétude, soit dans le sens de l'enthousiasme, sans preuve et sans certitude. Il faut que cette distinction devienne peu à peu très claire pour vous parce que les pensées qui doivent disparaître possèdent une apparence de réalité. Et si vous n'êtes pas vigilants, vous tomberez dans le piège en trouvant une justification à ces pensées inutiles. A celui, par exemple, qui aurait tendance à s'alarmer pour le manque d'argent, ses pensées proposeront une argumentation qui semble plausible, même s'il n'y a en fait rien de certain et de prouvé. L'anxiété s'appuie sur des suppositions, des éventualités que le mental fabrique à partir de son propre fond. Et chacun entretient des thèmes d'inquiétude qui lui sont spécifiques. Il faut être impitoyable et toujours se demander : quelle valeur ont ces pensées qui me viennent à l'esprit?

On peut donc dire qu'il existe trois types de pensées. D'une part les pensées inutiles, nocives, qui montrent que la destruction du mental n'a pas été opérée et que vous pouvez encore tomber dans le piège pernicieux de ses illusions. D'autre part, des pensées qui pourraient encore être raréfiées mais qui ne déforment pas la réalité : « J'ai oublié de régler cette facture, je dois écrire à ma mère, etc. » On peut admettre que ces pensées ne sont pas strictement nécessaires et ne s'imposent pas au moment où elles vous viennent à l'esprit, mais elles ne sont pas du même ordre que les abus sur lesquels j'insiste. Enfin, il y a les pensées qui représentent une réflexion active et sont manifestement nécessaires pour prendre une décision : maintenant j'envisage telle réalité, comment se présente-t-elle, quels sont les éléments qui la composent, quelle décision imposent-ils? C'est cela que Swâmiji appelait non pas *penser* mais *voir*.

***

Cette nécessité de vigilance quant aux pensées, évidente pour un bouddhiste, un yogi hindou ou un disciple engagé dans une voie traditionnelle comme j'en ai approché en Orient, se révèle beaucoup moins claire pour l'Occidental en général et pour ceux qui viennent demander mon aide en particulier. Quand, dans les textes français, vous lisez le mot « mental », abondamment utilisé par la littérature se référant au bouddhisme, à l'hindouisme, au yoga, à l'ésotérisme ou le mot *mind* dans les ouvrages en anglais, vous établissez tout de suite un lien entre ce terme et la pensée – « ça se passe dans la tête » – mais vous oubliez trop souvent le lien entre le mental et l'émotion. Swâmiji m'a montré avec la rigueur que vous connaissez l'importance de l'émotion : l'émotion n'est jamais justifiée. Est-ce qu'il y a ou non émotion? Si j'ai encore des émotions, je le constate, je ne peux pas me faire d'illusion.

Cependant, pour la plupart de ceux qui ont lu mes livres et qui ont cru découvrir l'enseignement de Swâmiji, la nocivité des émotions a pris une importance si grande que la pensée proprement dite, ce qui se produit dans l'intellect, le cerveau, est passée au second plan et le thème fondamental de la maîtrise des pensées n'a pas été compris. Je ne peux pas dire qu'il me soit posé beaucoup de questions insistantes et précises sur cette maîtrise des pensées. Les questions les plus courantes concernent soit les émotions soit les situations concrètes : difficultés professionnelles ou conjugales, difficultés liées à l'éducation des enfants, décisions à prendre, mais les données majeures de la spiritualité proprement dite sont trop rarement abordées.

Parmi ces thèmes, la maîtrise des pensées ou maîtrise du mental occupe une place capitale. Le Bouddha a dit : « Celui qui est maître de ses pensées est plus grand que celui qui est le maître du monde. » Nous trouverions de nombreuses citations, issues des plus grandes traditions, qui vont dans le même sens. Or, pour qu'il y ait une maîtrise, il faut qu'il y ait un maître. Être le maître de ses pensées implique la présence à soi-même, la vigilance, la conscience et, naturellement, la dissociation ou non-identification par rapport à ses pensées. Si vous êtes sans cesse identifiés à vos rêveries, engloutis par elles, qui peut contrôler quoi, qui peut avoir la maîtrise de quoi?

Ce sont des paroles qu'il faut entendre comme une brûlure permanente. Comment vous situez-vous par rapport à la parole du Bouddha : « Celui qui est le maître de ses pensées est plus grand que celui qui est le maître du monde »? Le héros encore dupe de ses pensées, qui l'emportent à gauche ou à droite, est en effet, aux yeux du Bouddha, inférieur à un yogi ou à un sage ayant atteint la maîtrise de celles-ci. Cette affirmation est essentielle. On ne peut pas l'éviter, on ne peut pas la mettre de côté si l'on se trouve engagé sur la voie de l'Éveil et pas seulement dans une psychothérapie destinée à nous permettre de mieux assumer nos situations existentielles. Le but avoué des chemins spirituels ou ésotériques, la maîtrise des pensées, équivaut à la disparition de toutes les pensées qui ne sont pas justifiées, nécessaires ou utiles, c'est-à-dire toutes les pensées entachées d'émotion.

Dans les jours qui viennent, essayez de passer vos pensées au crible de la *buddhi* : quelles pensées se lèvent en moi, quelle valeur ont-elles, font-elles ou non partie des pensées à éliminer pour acquérir la maîtrise de mon mental? Si vous reconnaissez la nécessité de cette maîtrise proposée par le Bouddha, vous ne laisserez plus une pensée nuisible, contraire au chemin, consommant votre énergie, vous arrachant au centre, s'installer dans votre cerveau. Vous n'accueillerez plus ces pensées. Une idée en entraîne une autre qui en entraîne une autre à son tour et ainsi de suite. Non.

Il est vrai que les formes les plus grossières et les plus immédiatement perceptibles de ces productions mentales sont liées à des émotions. Vous savez très bien que l'émotion engendre une certaine ligne de pensée laquelle ravive l'émotion, laquelle émotion suscite de nouvelles pensées toujours dans la même ligne qui gonflent encore plus l'émotion. C'est un cercle vicieux. Il existe différents procédés pour briser ce cercle vicieux, mais comme il n'est pas possible de traiter tous les thèmes à la fois, nous allons nous concentrer sur cette « maîtrise du mental » que l'être humain ordinairement ne possède pas. Il accorde une valeur aux pensées, il croit à ce qu'il pense, il est identifié à ses pensées et il gâche ainsi son existence. Ces ruminations inutiles qui vous empêchent d'être pleinement ici et maintenant jouent dans votre vie un rôle considérable.

Si vous décidez de vous engager dans cette nouvelle étape – ne plus penser – intervient un point un peu subtil : y a-t-il refoulement? Y a-t-il répression? Y a-t-il déni ou dénégation du réel? C'est une question à propos de laquelle vous devez être clairs, mais sans en faire un argument pour penser inutilement, donc pour compromettre votre marche en avant. Dans certains cas, il peut être intéressant de s'ouvrir, de permettre que montent à la surface toutes sortes d'idées, même mensongères, même fausses, même sans rapport avec la réalité, mais qu'il n'est pas juste non plus de réprimer. Il ne faut pas refouler mais prendre conscience.

Moins profondément enfoui que le contenu de l'inconscient, il y a tout ce qui est subconscient. Relisez le chapitre « Le cœur en paix » dans *La Voie du cœur*. La mise à jour progressive du subsconscient consiste à ramener à la surface des vérités concernant des situations dans lesquelles vous vous trouvez et que vous refusez peut-être de voir. Mais ramenez aussi à la surface les pensées mensongères qui peuvent vous perturber puisqu'elles ont tendance à naître en vous à partir de votre inconscient, de vos illusions personnelles, de vos névroses particulières. Si vous empêchez ces pensées de monter à la surface, vous ne pourrez pas en démasquer la fausseté.

Supposons, par exemple, une relation de couple normale, qui ne devrait poser aucun problème et un certain type de craintes récurrentes vous vient à l'esprit : « Ma femme va être attirée par d'autres hommes, elle va me tromper », sans que ces pensées aient un fondement réel. Pourquoi entretenir des pensées qui ne sont même pas heureuses, qui vous torturent sans raison? « Je reste avec elle, je la quitte, j'accepte, je ne lui en parle pas », vous échafaudez un monde de souffrance qui ne repose sur rien. Mais, même si vous avez tendance à penser sottement « elle va me tromper, je suis sûr qu'elle va me tromper », laissez ces pensées affleurer à la conscience afin de les examiner.

Vous voyez, cela paraît contradictoire. Je vous demande, d'une part, de prendre la décision de ne plus penser et j'affirme, d'autre part, qu'il faut laisser monter à la surface certains types de pensées, sans que cela dure pour autant des jours et des jours : « Voilà ce que le mental *m'impose* ». Au début du Chemin, vous tombez dans le piège de ce que le mental vous raconte, vous foncez sur les pensées comme le taureau sur la cape rouge. Quand vous avez un peu progressé, il devient possible de prendre du recul : « Voilà ce que le mental *me propose*; j'adhère, je n'adhère pas, il va falloir tirer cela au clair. C'est vrai ou ce n'est pas vrai? Cela correspond-il à la réalité ou non? » Élucidez à cent pour cent, pas à quatre-vingt-quinze pour cent. Le refus catégorique des pensées a donc pour préliminaire la discrimination concernant celles-ci. Non ce n'est pas véridique, j'extrapole abusivement.

Est également nécessaire l'examen des pensées sur un thème donné, bien précis, comme il s'en présente dans toutes les existences si vous envisagez de vous marier ou de divorcer, de vous installer à la ville ou à la campagne, de prendre votre retraite anticipée ou au contraire de donner une plus grande place à votre vie professionnelle. Pour commencer, vous laissez monter les pensées inhérentes à votre situation et vous les voyez. Cette réflexion active est tout à fait justifiée mais il est indigne pour un disciple de se laisser emporter par des rêveries considérées comme certaines alors qu'elles ne le sont pas et de pactiser avec elles à longueur de journée, depuis les interprétations sur le comportement d'Arnaud et de ses collaborateurs à Font d'Isière jusqu'aux appréhensions quant à l'avenir de votre enfant. Le mental de chacun diffère de celui du voisin. Il vous incombe de voir quels sont les grands thèmes qui font votre existence, donc qui alimentent vos pensées. L'injonction du Bouddha, si elle est vieille de deux mille cinq cents ans, ne s'adresse pas moins à chacun d'entre vous en particulier.

***

Il faut se voir penser, il faut objectiver les pensées, c'est-à-dire en faire des objets dont le sujet prend conscience. Voilà les pensées qui viennent à mon esprit et qui s'imposent d'autant plus qu'elles véhiculent une coloration émotionnelle, une charge affective. Il s'agit d'un travail très important et je tiens à redire nettement que l'intérêt porté au travail direct sur les émotions – que ce soient les « lyings » ou la thérapie primale – prend beaucoup trop d'importance par rapport à l'essentiel, car si les maîtres de la grande tradition n'ont pas tous parlé de travail direct sur l'inconscient, tous ont par contre insisté sur la maîtrise ou le contrôle des pensées. Aussi précieuse soit-elle, l'expression des émotions en thérapie demeure annexe; elle sert à favoriser cette maîtrise du mental et des ruminations intellectuelles.

Il est indispensable que vous ne tombiez plus dans le piège de l'identification aux pensées et de la confusion entre *voir* et *penser*. Trop souvent, j'ai dû utiliser pour l'un ou pour l'autre d'entre vous cette formule : « Vous pensez que vous voyez et vous ne voyez pas que vous pensez. » Vous pensez que vous voyez, vous vous entêtez dans vos erreurs, vous affirmez sans voir qu'en vérité vous divaguez tout simplement. Si vous voulez faire la différence, appuyez-vous sur ce simple critère : il n'existe aucune certitude dans les pensées. Si vous les autorisez à se nourrir de votre substance, à consommer stérilement votre énergie, vous n'aurez plus cette énergie à votre disposition pour croître intérieurement. Donc, le préalable à tout changement de niveau d'être, c'est la capacité à se dissocier de ces pensées, à discriminer entre la pensée et la vision.

En étant vigilants, vous vous apercevrez combien de préoccupations sont récurrentes. On croit que c'en est fini avec elles, on est convaincu d'avoir vu clair, et le lendemain la même vision erronée s'impose à nouveau. Pour s'avérer réellement efficace, la vision doit être complète : qu'en est-il exactement de ce que les pensées me proposent? En ce qui concerne un futur possible, est-ce qu'elles correspondent à la réalité? Si vous deviez aller vivre au Sahara et que toutes vos pensées tournent autour de la crainte que le climat trop humide soit fâcheux pour vos rhumatismes, une telle stupidité serait criante. Naturellement, quand je prends un exemple comme celui-ci, vous êtes tous d'accord mais ce qui devient plus intéressant c'est de détecter ce fonctionnement dans les situations concrètes de vos existences, au moment où des réflexions dénuées de tout fondement parviennent quand même à vous duper, malgré votre bon sens et bien que vous soyez déjà familiarisés avec cet enseignement.

Qu'est-ce qui peut faire contrepoids aux pensées? La *buddhi*, la conscience lucide. Quel que soit le type de pensées qui montent : « Ça ne va pas marcher, ça va se passer comme ci ou comme ça », vous arrêtez immédiatement ce processus, bien que ces pensées aient une apparence de vérité, en tout cas une apparence de vérité pour vous. Celui qui s'inquiète tout le temps pour sa santé trouve que ses craintes sont parfaitement justifiées. Que dit la vérité? Il est possible de chercher cette vérité : « Cela fait deux jours de suite que j'observe un léger saignement dans les selles. » La probabilité d'une petite hémorroïde interne est plus grande statistiquement que celle d'un cancer de l'intestin. Pourquoi décider tout de suite qu'il s'agit du pire sans avoir procédé au moindre examen? Un bouton ne révèle pas un cancer de la peau ni un mal à la gorge un cancer du larynx. Et il y a bien d'autres obsessions que celles de la maladie par lesquelles vous vous laissez piéger.

Si je parle avec cette fermeté c'est parce que depuis des années j'ai constaté combien vous partez facilement dans une direction sans rapport avec le réel. Vous ne pouvez pas imaginer la bataille que j'ai dû mener avec certains d'entre vous pour leur montrer qu'ils « pensaient », qu'ils étaient, comme on dit, « à côté de leurs pompes », convaincus qu'ils voyaient clair, que c'était moi qui ne les écoutais pas, ou ne les comprenais pas, et qui me trompais. Dans deux ans ils s'apercevront que toute leur vision était erronée mais, pour le moment, ils y tiennent « mordicus ». Et si je tente de vous proposer la bataille de la *buddhi* contre le mental, c'est-à-dire de reconnaître les pensées en tant que telles, de les remettre en cause et de les confronter avec la vérité, très souvent, et d'autant plus que je tombe juste, vous me coupez la parole : « Oui, mais...; non, mais... » Puisque Arnaud n'est pas d'accord avec vous cela signifie qu'il ne vous a pas écoutés ou qu'il a mal compris. « Et si par hasard c'était moi qui me trompais et non pas Arnaud... » Quel sens cela a-t-il de rencontrer son « guide » et d'immédiatement suspecter qu'il se trompe? Si vous pouviez assister ne serait-ce qu'une journée aux entretiens que je donne, vous seriez sidérés : « Voilà comment fonctionne l'être humain! » Seulement, quand vous êtes personnellement impliqués, vous n'êtes plus sidérés du tout, vous tombez dans le panneau de vos propres pensées, de votre déformation du réel. Même en face de quelqu'un à qui vous êtes supposés faire confiance, si la puissance de suggestion du mental se trouve mise en cause, vous vous défendez pied à pied au lieu d'être ouverts et réceptifs. Ou, si vous vous croyez convaincus à la fin de l'entretien, le lendemain toutes les pensées reviennent dans le même ordre d'idées, parce que la conviction n'était pas ferme à cent pour cent et donc définitive. Il ne suffit pas d'entendre les mots « illusion », « erreur », « aveuglement », « ignorance », encore faut-il vous prendre en flagrant délit de fausse vision. Et où détecter votre illusion si ce n'est dans les situations concrètes pour mettre radicalement fin à ces pensées qui vous exilent de la réalité?

*
* *

Il existe donc deux lignes de travail sur soi-même dont l'une est préalable à l'autre. La première consiste à observer les pensées et à les mettre en cause en les référant à la vérité : « Que dit la vérité? Il faut que j'essaie de la découvrir. » Cette approche évite le refoulement qui vous oblige à enfouir juste au-dessous du seuil de la conscience ce que vous ne voulez pas voir. La réalité refusée agit comme un ferment et vous empêche d'être détendus, unifiés, à l'aise. La seconde ligne qui vient ensuite correspond à la décision de ne plus penser pour demeurer établis dans ce que la tradition indienne appelle *ananda,* la joie qui demeure. Vous êtes heureux, bien situés dans un sentiment stable de sérénité, de réconciliation, de communion. Et puis de nouveau votre cœur se referme, vous voici inquiets, soucieux, et d'une manière ou d'une autre, négatifs. « Je ne veux plus de ces pensées. J'arrête. » Il faut vous montrer intraitables à l'égard de votre propre négativité.

Dans cette ligne-là, quitter la tête pour revenir au cœur vous aidera beaucoup, au moins dans certains cas, car il se peut que vous entendiez un autre langage dans le cœur que dans la tête. Je vais essayer d'être clair. La plupart du temps, vous reconnaîtrez le même langage dans le cœur que dans la tête, c'est-à-dire que l'émotion correspondra aux pensées et les pensées à l'émotion. Mais il se peut aussi que vous ayez une certaine vision d'une situation qui, de temps à autre, soit juste, beaucoup plus juste, et qui soit proche d'un sentiment d'ouverture. Imaginons qu'en fait il n'y ait pas de quoi vous inquiéter vraiment en ce qui concerne l'avenir de votre enfant : « Pourquoi est-ce que je me tourmente? Certes, il est un peu nerveux ces jours-ci, il a eu de mauvaises notes à l'école, mais de là à croire que cet enfant ne fera rien dans la vie et que son existence sera forcément gâchée, c'est faux. » Et vous vous rendez compte que vous réussissez à lâcher prise et que vous êtes « ouverts ». J'aime ces mots ouverture du cœur puisque certains d'entre vous les ont employés spontanément. Quand vous ressentez cette ouverture, vous voyez les choses d'une manière moins pessimiste : « Mais non, ce n'est pas si grave, je vais lui faire suivre des cours pour rattraper. » Voilà un exemple de vision beaucoup plus fructueux que les pensées négatives qui ne mènent nulle part. Ensuite, cette vision ne cesse de croître. Elle devient de plus en plus pénétrante à condition qu'il n'y ait pas d'émotion. L'émotion et la pensée interdisent la vision.

Vous allez constater, par rapport à un thème donné, que par moments votre vision correspond à un état heureux, ouvert, paisible et que par moments s'impose à vous une tout autre perception qui vous amène à des conclusions radicalement différentes. Les pensées se modifient selon votre coloration émotionnelle. Suivant la manière dont vous êtes situés, affectivement, la même situation existentielle, les mêmes perspectives d'avenir sont envisagées avec inquiétude ou sérénité. Cela oscille : tantôt la vision pessimiste vous submerge, tantôt la vision sereine reprend le dessus. Je ne parle pas d'un optimisme fondé sur l'aveuglement et correspondant à une émotion manifeste comme celle de Perrette qui se voit déjà milliardaire avec son lait. Non, je parle d'une approche positive sans excitation. Vous ferez très bien la différence.

Comment se fait-il que la même réalité soit vue tantôt avec espérance et tantôt avec un regard empreint d'inquiétude? Et surtout comment savoir laquelle des deux est juste?

La réponse est claire, nette : quand vous oscillez d'une vision à une autre, la vision juste est celle qui correspond au sentiment détendu, heureux, et la vision fausse celle qui correspond à une émotion négative, pénible, qui vous met mal à l'aise.

Pour réussir à avoir gain de cause, à être le maître de la situation – je n'ai pas dit le dictateur ni le tyran, mais le maître de la situation – il faut que vous arriviez à saisir comment vous basculez d'une vision juste à une vision fausse à partir d'un indice qui vous inquiète ou vous rassure. Vous y parviendrez si, dans les moments où vous êtes ouverts et détendus, vous réussissez à vous souvenir du type de pensées qui vous préoccupe quand vous êtes inquiets. Vous pourrez alors regarder tranquillement ces pensées. Il s'agit d'un réel travail de disciple qui ne peut se faire que consciemment : « A l'instant, mon cœur est ouvert, et j'ai tendance à voir les choses d'une manière plutôt sereine mais il faut que je me souvienne des pensées qui surviennent quand je suis dans un autre état émotionnel. » Vous souvenir de vos émotions négatives quand vous êtes bien centrés vous permettra d'acquérir la maîtrise des pensées. Si vous allez un peu trop loin pour raviver ces pensées, subitement l'émotion négative va ressurgir. Attention à ne pas vous laisser submerger en pratiquant cet exercice : si l'émotion négative revient, essayer de retrouver directement l'ouverture du cœur permet une lutte efficace contre les pensées qui se précipitent sur leurs thèmes préférés et déclenchent la peur de l'avenir immédiat ou lointain.

Si vous vous identifiez complètement aux pensées, vous ne retrouverez plus trace de cette sérénité, mais en fait, il y a un moment précis, qu'il faut apprendre à détecter, où les pensées négatives commencent à réapparaître. Si vous revenez alors à votre cœur, vous vous rendez compte qu'il ne s'est pas encore complètement refermé. Les pensées prétendent : « Ça va être terrible » à cause de la force d'inertie des habitudes mentales; mais le cœur, lui, ne tient pas encore ce langage. Il existe un petit décalage. Et, si vous vous centrez sur le cœur, vous avez une possibilité de ne plus être dupes des pensées et d'y mettre fin. Pour cela, il vous faudra acquérir une habileté qui ne grandira qu'avec l'exercice.

Vous ne pouvez plus vous permettre, à propos d'un thème donné, celui qui domine votre existence par exemple – chacun possède le sien – de vous comporter comme une girouette qui vire au gré des pensées. Souvenez-vous de cette règle toute simple, si la vision est sereine je *vois,* si la vision se révèle pessimiste je *pense.* Pour ne plus osciller de l'une à l'autre, entraînez-vous, dans la vision sereine, à vous souvenir des pensées habituelles qui vous agitent, de manière à établir une confrontation. Juxtaposez les deux visions jusqu'à ce qu'il n'y ait plus division. Même si cet exercice s'avère difficile, il faut le pratiquer, cela fait partie du chemin qui vous conduira à ne plus basculer d'un état à un autre sans aucune maîtrise. Si dans les instants où vous êtes sereins, vous pouvez retrouver volontairement les raisonnements que vous tient le mental sous le coup de l'émotion, lorsque l'émotion reviendra d'elle-même avec son cortège de divagations qu'elle présente comme véridiques, vous ne pourrez plus en être le jouet. En prenant la peine de vous souvenir délibérément des pensées anxieuses qui vous assaillent dans la vie courante, inversement, il vous sera possible, quand l'émotion négative surgira, de retrouver la vision juste de votre situation.

Vous êtes tantôt dans un état détendu où vous ne pensez plus, tantôt dans un état émotionnel où, de nouveau, vous pensez. Il faut réussir à établir un lien entre ces deux états afin qu'ils ne soient plus complètement dissociés en vous. Quand il y a émotion, vous pensez. Toutes ces pensées, toutes, du moment qu'il y a la moindre émotion, sont erronées. Elles n'ont aucun intérêt, aucune valeur, et plus vite vous réussirez à les éliminer ou à leur interdire l'accès de votre cerveau, mieux cela vaudra. Dans les instants de calme où vous êtes bien disposés, vous avez plus de facilité pour voir ce que le mental vous propose quand il vous submerge et confronter vos pensées négatives avec la réalité – oui ou non ont-elles une valeur? – afin que la prochaine fois vous ne puissiez plus y croire. De cette manière, quand le mental recommencera à fonctionner à vos dépens, vous pourrez établir le lien dans l'autre sens et retrouver l'ouverture du cœur.

*
* *

Dans le même ordre d'idées, je le dis souvent mais je le répète car cet aspect s'insère dans le thème que je développe aujourd'hui, la télévision, la lecture de journaux, de magazines, vous imposent les pensées des autres; sous prétexte d'être « informés » mais en fait par pure curiosité et pour vous distraire, vous êtes captivés par mille sujets. Je fais cette mise au point parce qu'elle est nécessaire pour vivre consciemment. Quand vous êtes trop fatigués intellectuellement pour mettre sur pied des bilans d'entreprise, les amours de Sheila ou de Stéphanie de Monaco peuvent constituer un repos pour votre cerveau. D'accord, mais distrayez-vous consciemment. Dévorer des commentaires sur la paternité d'Yves Montand ou sur le mariage de Christophe Lambert, aussi sympathiques soient-ils tous les deux, représente une perte de temps mais pas plus grossière que lire des articles prétendument « de fond » concernant Barre ou Chirac, dont vous n'êtes pas qualifiés pour apprécier la valeur et qui ne vous font en rien progresser vers la recherche du Soi. Autrefois un ascète ou un mystique ne consacrait pas une pensée à tout ce que les journaux ou les magazines d'aujourd'hui nous donnent en pâture. On ne peut pas imaginer un yogi ayant le cerveau farci d'informations sur les vicissitudes de la politique.

Certains s'inquiètent longtemps à l'avance au sujet des prochaines élections : « Et si jamais Le Pen arrivait à l'Élysée? » Comment pouvez-vous savoir premièrement si Le Pen arrivera ou non à l'Élysée, deuxièmement ce qu'il résulterait de l'élection de Jean-Marie Le Pen à la présidence de la République? Pour une personne déjà fortement engagée sur le chemin, ce genre de pensée n'existe plus, alors que cela fait partie des préoccupations qui assaillent le Français moyen à longueur de journée. Il faut commencer par détecter les formes les plus flagrantes de ce gaspillage d'énergie. « Quoi! cela fait dix minutes que je suis en train de m'inquiéter ou de me réjouir en imaginant ce qu'il adviendrait si jamais un raz de marée se produisait en faveur du Front National. » Que savez-vous des retournements de situation et de ce qu'il peut se passer d'ici le prochain scrutin?

Je me souviens des rumeurs qui circulaient à l'époque où certains considéraient Jacques Chirac comme excessif si ce n'est surexcité : « Vous allez voir, si Chirac arrive au pouvoir, finie la démocratie, il va persécuter les communistes, le Parti sera interdit... » Je me souviens aussi des craintes concernant Reagan : « Si ce fou devient un jour président des États-Unis, c'est la guerre assurée avec la Russie »... Reagan a terminé son deuxième mandat, je ne porte pas de jugement politique, mais ces sombres pronostics étaient illusoires. Pourtant des gens très sensés s'inquiétaient. Il est malheureux que des « chercheurs de la vérité » se permettent d'abriter et de nourrir ce genre de pensées. Partez d'un exemple grossier comme celui-ci et concentrez votre vision sur des exemples plus subtils. Vous êtes en train de penser aussi stérilement que votre fils va se droguer : « Il y a de plus en plus de tentations pour les lycéens, maintenant ce sont les drogues dures dès la jeunesse. » Oui d'accord, vous avez lu le journal, mais êtes en train de penser, et non de voir. Que de soucis vous vous créez, que d'énergie gaspillée!

Il n'est pas nécessaire pour vous d'avoir mille idées sur des réalités qui ne vous concernent pas immédiatement et que de toute façon vous ne pouvez pas modifier. Je ne dis pas qu'il faille voter au hasard en mettant tous les noms des candidats dans un panier pour en tirer un à la courte-paille. Mais croyez-vous qu'en écoutant tous les jours les nouvelles à la télévision ou en lisant tous les journaux, vous en savez honnêtement plus long pour voter?

Ce que je dis là peut sembler paradoxal dans les conditions de notre monde moderne qui accorde tant de valeur à « l'actualité ». Pourtant, j'affirme qu'en vous gavant d'informations inutiles, vous tournez le dos à la Réalité qui réside au cœur de vous-mêmes. Vous n'arriverez pas à la maîtrise des pensées si vous n'utilisez pas tous les moyens qui sont à votre disposition et ne devenez pas beaucoup plus vigilants sur la manière dont vous laissez les autres penser pour vous par l'entremise des médias.

Pour atteindre cette liberté que je propose avec insistance, le contrôle des conversations s'avère indispensable. « Qu'est-ce que j'ai raconté? Je viens de téléphoner pendant une demi-heure, qu'est-ce que j'ai raconté, était-ce vraiment nécessaire? » – « Ah, mais il faut bien tuer le temps! » Et patati et patata, comme on dit communément, que ce soit pour parler de Gorbatchev, de votre belle-sœur ou de la manière dont les choses devraient être autrement qu'elles ne sont. Il faut sentir un jour que parler sans contrôle se situe au-dessous de votre dignité.

Une réflexion consciente a bien sûr sa place sur le chemin. Faut-il emmener les enfants en vacances? Est-il nécessaire de réorganiser la comptabilité de mon entreprise? Mais vous verrez sans peine que les pensées et les conversations mécaniques ne sont nécessaires ni pour vous conduire vers la réalisation du Soi, ni même pour les poursuites ordinaires de l'existence telle que retenir des places de train ou discuter avec un architecte au sujet de la maison que vous êtes en train de faire construire pour votre retraite. Ces longs bavardages dans lesquels vous vous complaisez nourrissent des pensées non conformes à la vérité et ne vous aident en rien à assumer les nécessités de la vie.

Savoir ce que vous êtes en train de dire représente une première discipline et vous demande évidemment cette dissociation qui permet de constater : je prononce des paroles indignes d'un disciple. Vous allez découvrir que ces conversations sont une manière de penser au lieu de voir puisque vous énoncez des affirmations sans les vérifier : vous racontez un fait mais vous le déformez; vous prêtez une parole à quelqu'un mais ce ne sont pas ces mots-là qu'il a utilisés. En fait, il s'agit du sens que vous, vous avez donné à ses mots et maintenant vous employez vos mots à vous comme si c'étaient les siens. Il faut surprendre en flagrant délit ces compromissions du mental lorsque vous parlez : « Je me suis permis de dire quelque chose sur quelqu'un et si on me mettait au pied du mur, je serais obligé de reconnaître que j'ai exagéré. »

Parfois, au cours d'entretiens qui avaient pourtant un certain niveau de qualité, il m'est arrivé d'interrompre ceux que j'avais en face de moi et de leur demander : « Arrêtez, est-ce que vous maintenez la phrase que vous venez de dire à l'instant? » – « Ah non... » Si vous prononcez devant moi des paroles que vous ne pouvez pas maintenir lorsque je marque un coup d'arrêt, vous imaginez facilement ce que cela doit être quand vous discutez entre vous dans la vie courante. Mais cet arrêt brutal provoque chez la personne un petit surcroît de conscience et de réunification. « Non, je ne la répète, pas. » Pourtant vous l'avez dite comme si c'était la vérité et maintenant vous ne pouvez plus l'assumer. Cette connaissance de soi devient de plus en plus intéressante parce que la vigilance va s'affiner avec l'exercice et que vous pourrez vous surprendre, même si je ne suis pas là pour vous mettre le nez sur vos non-vérités. « Depuis que Rocard est au pouvoir, il n'a fait que des erreurs. » Certains pourraient très bien prononcer une phrase comme celle-ci sans prendre conscience qu'ils viennent de commettre un crime du point de vue du Chemin, le crime contre le Soi. Qu'est-ce qui vous permet d'affirmer de façon péremptoire que Rocard n'a commis que des erreurs? Il a pris au moins une ou deux décisions justes que vous ignorez ou que vous avez oubliées. Rien ne permet d'utiliser ce genre d'expressions toutes faites que l'on colporte sans réfléchir : « On ne peut jamais faire confiance aux femmes. » Une personne engagée sur le chemin ne peut plus admettre de laisser échapper une phrase comme celle-ci qui va directement à l'encontre de la rigueur dont tout disciple doit faire preuve. Pourtant vous vous surprendrez à répéter des généralités que vous énoncez comme des lois ou à déformer ce qui vous a été dit. Il y avait jadis beaucoup moins de dispersion et d'occasions de gamberger qu'il n'y en a aujourd'hui et la sadhana était pourtant déjà difficile. Ne vous comportez donc pas de manière à la rendre pratiquement impossible.

Autre point, surveillez la tonalité générale des conversations. Avez-vous parlé pendant une heure, complètement identifiés au dévergondage de votre mental : « Tu as vu les progrès qu'a faits Geoffroy » ou au contraire « Geoffroy n'a fait aucun progrès », suivant votre subjectivité personnelle à son égard? En vous « ça parle », disait Gurdjieff. Est-ce digne d'une personne qui cherche la vérité? Je vous le répète, vous commettez ce crime contre le Soi que l'on dénonçait déjà il y a trois mille ans. J'ai beaucoup pratiqué cette surveillance de mes paroles au cours de mon existence. Cela m'arrive même encore aujourd'hui de ne pas être satisfait d'une expression que j'ai employée ou d'un mot que j'ai utilisé parce que je ne le trouve pas rigoureusement exact ou adapté. Dans ce genre de conversations nous « pensons » en effet tout haut et il se produit une surenchère, chacun entraînant l'autre, le plus souvent sans aucun contrôle. Si tout était enregistré et que je vous fasse réentendre huit jours plus tard la succession des pensées qui vous sont passées par la tête, vous seriez accablés. Votre manière de voir se révèle entièrement différente à une semaine d'intervalle. La conscience viendra d'abord si vous surveillez ce que vous dites quand vous pensez tout haut. Ensuite, vous pourrez vous attaquer à la maîtrise de votre mental.

Prenez-les comme synonymes : la « destruction du mental » *(manonasha)* équivaut à la cessation des pensées. Les oreilles entendent un son, le nez sent une odeur, le toucher entre en contact avec une texture, et ces sensations s'organisent en perceptions. Un fait se produit, j'en prends conscience et je tâche de sentir la réponse à donner à la situation. Plus de pensées qui ne sont pas nécessaires et justifiées. Je ne dis pas que vous allez arrêter toutes les pensées du jour au lendemain, mais il y a là un point vital et inévitable sur le chemin. Et quand on s'attaque à la vraie sadhana, même si elle se révèle difficile, cela devient passionnant.

Lorsque votre cœur est fermé, que vous êtes coupés de votre profondeur, de la béatitude fondamentale qui est l'essence de votre être, vous êtes en même temps coupés des autres, coupés de l'harmonie universelle, coupés de la communion, et vous vous sentez petits, mesquins. Les pensées vous isolent alors que la vision vous relie. Et quand vous *voyez*, vous *savez* la décision qui doit être prise. Quelle différence! Luttez de toutes vos forces pour ne pas vous laisser engloutir par vos pensées. Vous remporterez assez vite des victoires sur des points qui vous sautent aux yeux; dans d'autres domaines vous aurez encore des faiblesses et vous ne vous rendrez pas compte que vous quittez le monde objectif pour votre monde subjectif.

Attention le mental se montre très rusé. Il vous suivra pas à pas, jusqu'au dernier jour, jusqu'à la victoire ultime. Quand vous aurez progressé dans un domaine, il vous talonnera dans un autre. Je suis souvent surpris de voir combien d'entre vous affirment qu'ils n'ont pas d'émotion alors que ce n'est manifestement pas le cas. Disons qu'ils ne se montrent pas surexcités ou déprimés, ils ne tremblent pas ou ne claquent pas des dents, mais ils ne sont pas non plus centrés, sereins, détendus, paisibles et finalement sans pensées. Ils pactisent avec des pensées qui vont et viennent et auxquelles ils accordent une importance exagérée.

Je pense ou je vois? C'est la question cruciale. Il ne s'agit plus seulement d'avoir moins d'émotions, d'être moins anxieux, de cicatriser les blessures de l'enfance. Il s'agit de beaucoup plus que cela : ici, maintenant, cet après-midi, hier, demain, ce soir, est-ce que je pense, est-ce que j'ai pensé? Et, si je pense, ces pensées sont-elles nécessaires? Est-ce qu'elles m'ouvrent le cœur? Est-ce qu'elles me mettent en communion? Est-ce qu'elles me font progresser sur le chemin? Est-ce qu'elles vont me conduire plus près du Soi, plus près de ma Nature-de-Bouddha. Oui ou non?

L'essentiel réside dans la découverte de l'amour de Dieu en vous.

Or, chaque fois que vous pensez, vous vous éloignez un peu plus du but, que vous l'appeliez Royaume des Cieux, éveil, libération, nirvana ou réalisation du Soi. Voilà uniquement ce qui est grave : du point de vue du chemin vous tournez le dos au grand but. Trouvez vos propres exemples, voyez ce qui vous touche, vous, aujourd'hui, ce qui vous perturbe à titre individuel dans la relation avec votre fils de seize ans ou ce qui vous remue à propos de la situation générale en France et des bouleversements qui se produisent dans le monde. Et souvenez-vous qu'il n'est pas possible d'avoir le cœur ouvert, d'être en état de grâce, en état d'amour, et en même temps de penser. Si vous êtes sans pensée, vous vivez dans *le* monde. Si vous chérissez des pensées, vous vivez dans *votre* monde. Vous ne pouvez pas à la fois rester dans votre monde et progresser sur le chemin de l'éveil. A vous de choisir.

***

Une question m'a parfois été posée par des personnes familiarisées avec la notion de karma : « Comment éviter que la pensée crée un karma? » Toute action est en effet créatrice de karma. Ce terme sanscrit possède tellement de sens qu'on ne peut pas en donner une définition limitative. Le karma c'est l'action elle-même mais le karma d'un homme représente l'ensemble des conséquences de ses actes, éventuellement ceux de vies précédentes. Toute action, toujours, porte des conséquences et contribue à faire notre destin. Je m'énerve un jour contre un directeur et me montre grossier avec lui publiquement; il n'ose pas me tenir tête mais il ne me le pardonnera jamais. En un instant, j'ai créé un karma qui va rendre ma vie professionnelle difficile et, à la première réorganisation de l'entreprise, je figurerai sur la liste des personnes remerciées.

Dans certains cas la conséquence de nos actions qui infléchissent notre destin est flagrante. Dans de nombreux autres cas, ce jeu de cause et d'effet demeure beaucoup moins visible. On ne le perçoit qu'avec l'affinement de la vigilance et nous comprenons : « C'est ainsi, c'est mon karma, je ne pouvais pas l'éviter, je n'ai pas pu faire autrement. » A mesure que vous devenez de plus en plus conscients, vos actions sont vraiment des actions et non plus seulement des réactions et pourtant subsiste encore un karma inévitable au sens d'un destin. Cela a été le karma des maîtres tibétains de fuir le Tibet devant les Chinois et de s'installer en Inde ou de se retrouver au Canada, aux États-Unis ou en France. Toute action créant un karma, les pensées sont considérées comme des actions par la tradition hindoue. C'est le même sens que la parole du Christ : « Celui qui a commis l'adultère dans son cœur a déjà commis l'adultère. » Mais de là à conclure que vous êtes condamné à l'enfer parce que vous vient, alors que vous êtes marié, la pensée : « oh, que cette femme est belle et attirante », c'est très mal comprendre cette doctrine.

Toute pensée exerce une attraction ou une répulsion. On peut attirer certaines situations et, à force de penser qu'on aura un accident, on finit par l'avoir. Affirmer « c'est parce que j'étais destiné à avoir cet accident que me sont venues ces pensées prémonitoires » est un subterfuge qui vous permet de penser n'importe quoi et de le justifier ensuite comme prémonition. La manière dont vous dirigez consciemment vos pensées ou dont vos pensées s'orientent mécaniquement d'elles-mêmes infléchit le cours de votre vie. Le point capital n'est pas tant le contenu des pensées qui vous assaillent mais comment vous les vivez. Demeurez-vous confondus, absorbés par les pensées en question ou êtes-vous capables de vous en détacher et de les voir en spectateur? En ce cas, vous ne créez pas de karma, et il n'est ni grave ni inquiétant que les « pires » pensées vous traversent l'esprit. Elles n'imprimeront pas en vous de *samskaras* nouveaux. Les pensées auxquelles vous ne vous identifiez pas ne sont pas dangereuses. Par contre, celles en face desquelles vous n'existez plus deviennent des actions mentales. Faites clairement la différence. « *See and recognize* », disait Swâmiji, « voyez et reconnaissez ».

Je vais vous donner un exemple pris dans mon propre fond. Dans les premiers temps où je fréquentais Swâmiji, j'avais de grandes angoisses financières. Étant salarié au cachet, je ne savais jamais si je gagnerais de l'argent ou non. A cette époque, il n'y avait pas d'Assedic efficaces pour les gens de cinéma ou de télévision; ils étaient bien payés quand ils travaillaient et cela compensait les périodes de chômage nombreuses dans le métier. J'étais souvent sans travail mais cela n'empêchait ni les factures ni les quittances de s'accumuler. Quand on a une femme et deux enfants, on ne peut pas vivre d'une baguette de pain dans une chambre de bonne. Je me sentais donc obligé de payer, obligé de faire face et cela suscitait en moi des anxiétés insupportables. Un personnage en moi, l'angoissé financier, ne pouvait empêcher cette pensée de monter à la surface : « Si ma femme et mes enfants mouraient, mes problèmes financiers seraient résolus », même si une autre partie aurait été désespérée de voir ce souhait réalisé. « Je serais sauvé, moi tout seul, je me débrouillerais toujours. »

Ces pensées sont-elles créatrices de karma? Si vous êtes emportés, oui, si vous les voyez, non. Reconnaissez-les comme des diapositives projetées sur un écran, l'écran de votre conscience. Votre être réel, le témoin non affecté, commence à grandir. Mais si vous êtes uniquement un champ de phénomènes et non un être réel, alors le champ, lui, est sans cesse affecté, et les pensées sont vraiment créatrices de karma.

La dévotion à Marie joue un rôle essentiel dans la spiritualité des cisterciens, à la suite de saint Bernard de Clairvaux. Imaginez un moine trappiste assailli de pensées érotiques concernant la Vierge Marie, se demandant par exemple si elle portait ou non une culotte sous sa robe, comment apparaîtrait son pubis s'il relevait sa jupe. La loi d'induction des contraires explique des images d'autant plus lascives que la soif de pureté et d'amour chaste est intense. Un moine mal dirigé se frapperait la tête contre les murs. « J'aime mieux mourir tout de suite plutôt qu'être condamné à l'enfer pour l'éternité. » Non, il ne faut ni se juger, ni se condamner, ni se sentir repoussé : « Va en enfer. » Si Marie est la Mère qui intercède, qui aime l'humanité entière, elle ne peut pas plus vous reprocher ces pensées obsédantes que vous reprocher de tousser si vous souffrez d'une bronchite. Bien entendu, vous ne vous complaisez en aucun cas dans ces rêveries. Voyez-les mais ne les nourrissez pas. Sinon, oui, elles deviennent graves, oui, elles sont créatrices de karma.

Les pensées vues et reconnues sans s'identifier n'infléchissent pas votre destin, n'aggravent pas votre esclavage, ne vous éloignent pas de la libération, ne vous engagent pas dans la mauvaise direction. La différence est très claire : ou vous êtes identifiés ou vous n'êtes pas identifiés.

Il ne faut pas avoir peur. Si vous avez peur, vous allez réprimer ces fantasmes et vous perdrez l'occasion de purifier votre psychisme. Ne jugez pas : « Eh bien oui, oui, ces pensées sont là. Qu'est-ce qu'elles me montrent? Qu'est-ce qu'elles me disent? » Surtout, ne les condamnez pas! Si vous ne vous horrifiez pas de ce genre de pensées, vous n'avez rien à craindre. Malheureusement, vous prenez peur et vous vous inquiétez. Ne vous effrayez pas mais ne pactisez pas non plus avec elles sinon je vous donne un bien pernicieux conseil, et votre rêverie devient créatrice de karma, vous éloigne du but, vous enlise de plus en plus dans le jeu de l'action et de la réaction. Je vois, je ne me juge pas, je ne m'identifie pas, je regarde, je laisse monter le message. Et maintenant, ça suffit. Mais si par la force d'inertie d'une habitude qui commence à se créer depuis cinq ou six jours, chaque fois que vous entrez dans l'église les images obsessionnelles vous reviennent à l'esprit, alors là *non,* au moment même où la pensée vient, *non.* Et c'est possible.

Dans vos tentatives pour ne plus penser, ou penser moins, vous serez également confrontés, au moins à certains moments, à toutes sortes d'imaginations qui viennent de désirs encore non accomplis ou seulement partiellement accomplis et qui en elles-mêmes ne sont peut-être pas irréalisables ni absurdes : ce dont vous rêvez pourrait éventuellement se produire. Par exemple, un jeune auteur est en train de terminer son premier livre à paraître prochainement – il a signé un contrat avec l'éditeur – et il se surprend à penser plusieurs fois par jour aux questions qu'un journaliste pourrait lui poser à la radio si son livre connaissait le succès et à la manière brillante dont il y répondrait. Ce genre de « scénario mental » fait aussi partie des pensées qu'il faudra éliminer un jour. Certes, il est justifié, si vous savez que vous allez passer dans une émission littéraire à la radio ou à la télévision, de vous demander : « Voyons, s'il m'interroge de telle manière, que vais-je lui répondre, quelles sont les questions-pièges qu'on peut me poser? » Cela s'appelle prévoir, à condition que l'interview soit vraiment programmée, sinon cela relève purement de l'imagination. Mais même en ce cas, par rapport à ces rêves que l'on ne peut empêcher, sachez faire preuve d'habileté : « Est-ce que je peux complètement me priver de ces rêveries aujourd'hui? » Ne vous demandez pas l'impossible. La disparition des pensées que je vous propose concerne le niveau le plus élevé. « Qu'est-ce que je peux faire au stade où je suis pour me rapprocher de ce niveau? »

Voir que vous pensez, c'est déjà beaucoup. Ne plus vous laisser entraîner à penser tout haut dans des conversations stupides, vous pouvez également vous le demander. Mais face à ces rêveries – vous devinez que j'en ai eues tant et plus comme vous et comme tous les êtres qui vivent encore dans le sommeil – il faut lâcher un peu de lest. « Jusqu'où puis-je aller, jusqu'où puis-je les autoriser? » Si elles montent à la surface, c'est qu'elles correspondent à quelque chose dans la profondeur. Quand vous aurez été interviewés vingt fois – à moins d'une névrose qui vous empêche à jamais d'être comblé, comme celui qui possède plusieurs millions en banque et vit dans l'angoisse de manquer d'argent – ce cinéma intérieur ne vous viendra pas plus à l'esprit que le fait banal de vous brosser les dents ou de vous laver les mains. Pour l'instant, vous ne l'éviterez pas complètement. La vigilance consistera donc pour vous à observer quelles rêveries ont tendance à être récurrentes plutôt que de les nier et de vous les interdire, bien que ces rêveries ne monteraient certainement jamais à l'esprit d'un Ramana Maharshi. Quel est mon scénario favori : je passe chez Bernard Pivot, je gagne énormément d'argent ou je navigue sur mon yacht?

Ces pensées diminueront beaucoup avec les satisfactions que vous donnera l'existence. Au retour de mon premier voyage en Inde, je m'imaginais faisant une conférence sur les ashrams et projetant des séquences de films pour les élèves du professeur de yoga Sri Mahesh, soit pour deux cents personnes. Le jour où j'ai parlé devant deux mille cinq cents personnes, je n'ai plus rêvé d'auditoires petits ou grands. Et puis un jour je n'ai plus rêvé à rien, ce qui est le processus normal. Seulement voir ou pré-voir.

Que devez-vous vous autoriser, à vous aujourd'hui, de tout votre cœur, sans culpabilité et à quel moment devez-vous intervenir fermement pour arrêter ces divagations : « Pour aujourd'hui, ça suffit. » Appréciez ce qui vous est nécessaire afin d'éviter la répression pure et simple et demandez-vous, peu à peu, plus de rigueur pour que ces rêveries ne dépassent pas les bornes non plus. Consacrer vos journées à répondre mentalement à des journalistes, non.

On ne peut pas vivre toute son existence en nourrissant des chimères : grâce à mon livre, je fais partie du Tout-Paris, je conquiers les femmes les plus célèbres qui défaillent devant le prestigieux écrivain... Attention de ne pas vivre trop en imagination, cela peut devenir un piège pernicieux. Que vous soyez débutant sur la voie ou disciple avancé, il y a une manière de se situer : jusque-là mais pas plus loin. Sinon cela devient ce qu'on appelle en Inde « *to indulge* », mot très utilisé dans les ashrams, qui signifie se complaire, se vautrer. Vous vous permettez tout sans aucun contrôle et il n'est plus question de « chemin » ou de « voie ».

Un effort très précis doit intervenir, que Gurdjieff appelle la friction du oui et du non. Oui, je veux rêver; non, tu ne rêveras pas. Il s'agit de se demander quelque chose, de lutter contre une facilité dans laquelle nous aurions tendance à nous installer et qui irait à l'encontre de notre propre but. « Ah, comment? Lutter contre? Arnaud a toujours dit qu'il ne fallait pas être contre, qu'il fallait être un avec. » Essayez de comprendre en profondeur plutôt que de buter sur les mots. « Lutter contre » peut d'abord être compris à un niveau physique : je suis en zazen et j'ai envie de bouger, j'ai envie de me gratter. Non, je ne me gratterai pas, que j'en aie envie ou non. Je fais l'exercice très connu des bras en croix. Au bout de dix minutes, la douleur paraît insupportable. Non, je ne baisse pas les bras, je détends les épaules, je relâche tous les muscles qui peuvent être relâchés mais je ne baisserai pas les bras. Dans *Fragments d'un enseignement inconnu,* Gurdjieff donne l'exemple d'un brigand du Caucase comme il en a connus qui guette les voyageurs derrière un rocher. Il ne bouge pas, il a chaud, il a soif, l'attente peut durer des heures mais il reste là immobile – brigand de la bonne espèce, dit Gurdjieff – et il développe une force qui sera ensuite en permanence à sa disposition dans la vie. De même, au niveau de la tête, si celle-ci veut penser et que je décide de voir, une lutte s'instaure. C'est une grande lutte, un grand combat, ce que les musulmans appellent *djihad,* une guerre sainte. Le chemin est aussi le combat d'une part de vous-même contre une autre part, une part plus intelligente qui comprend ce que sont la sagesse et l'éveil et qui lutte contre les compulsions mécaniques, la force d'inertie des habitudes. Je ne rêve plus, j'arrête, ça suffit.

Faites attention parce que le fait de vivre en rêves une part de votre existence peut vous détourner de l'accomplir concrètement. Il faut bien distinguer les rêveries compensatoires à des manques – vous n'avez pas eu encore toute la notoriété d'écrivain que vous souhaitez – et l'installation dans ces rêveries qui vous détournera de vivre dans le réel. Par contre, il existe une méthode très efficace pour satisfaire certains désirs sans les accomplir, la visualisation consciente et délibérée de cet accomplissement. Vous pouvez gagner une habileté de plus en plus grande dans cette ascèse bien particulière. Vous ne supprimerez pas complètement le désir mais vous lui enlèverez sa force contraignante, vous en serez libre, vous pourrez lui demander le silence à votre gré.

Quelqu'un peut par exemple vouloir intensément acquérir un très beau yacht sans en avoir les moyens. Il se rend compte qu'il aime déambuler dans les ports, là où sont amarrés les plus beaux bateaux, à Saint-Tropez ou à Cannes, et que la pensée d'en posséder lui revient trop souvent à l'esprit. Supposons que ce soit votre cas. Rendez-vous à Saint-Tropez et regardez. Visualisez consciemment, très consciemment : « Je suis sur ce bateau. Il m'appartient. Je rentre dans le salon, je regarde briller les cuivres. Je m'allonge sur les couchettes. » Vous vous représentez chaque détail de votre existence à bord, à quai et en mer, avec le plus grand réalisme. Et vous vous représentez aussi les ennuis, les problèmes, les dépenses. Si vous jouez le jeu de tout votre être, le désir perdra son pouvoir et ne vous distraira plus quand vous tenterez de méditer. Cela vous intéressera plus de regarder un bateau qu'une Rolls Royce, mais cette vasana inutile sera *satisfaite* sans avoir été *accomplie*. Elle vous laissera en paix comme vous laisserait en paix un créancier remboursé. Il s'agit d'une méthode que m'avait proposée Swâmiji : la rêverie intentionnelle et menée méthodiquement pour extirper les rêveries compulsives.

Tout tient en quelques mots clés : vigilance, attention, conscience lucide, contrôle, maîtrise. J'ai beaucoup opposé les termes penser et voir et je veux introduire encore un mot important : sentir. « *See and feel* », disait Swâmiji, « voyez et ressentez. » Ressentir s'avère l'opposé de penser. On pense au lieu de ressentir. On pense pour ne pas ressentir. Ressentir, éprouver est vital sur la voie, même s'il y a un peu d'émotion dans ce que nous ressentons, une émotion qui va se purifier de plus en plus. Le mot anglais *feeling* est intéressant parce qu'on l'utilise aussi bien pour la sensation que pour le sentiment. Les deux sont essentiels. Ressentir de plus en plus finement contrebalance efficacement l'esclavage des pensées. Mais la méthode est toujours de commencer d'abord par le plus grossier, le plus simple, avant le plus subtil. Pour que la disparition des pensées joue un rôle dans vos vies, par quoi allez-vous commencer? Par la base, qui est de vous surprendre en flagrant délit lorsque vous vous laissez emporter et de vous rendre compte : « En ce moment je ne vois plus, j'ai quitté le réel. Qu'est-ce que je suis en train de faire : pactiser avec les pensées, croire qu'elles ont une valeur? J'arrête ce processus. »

4

LA CONSCIENCE DU CORPS

Le but ultime de la voie est la réalisation d'une conscience absolument libre de l'insertion dans un corps physique soumis à la maladie et à la mort. Ce dégagement de l'esprit par rapport à toute forme et toute limite est aussi l'essence de la méditation. Mais, paradoxe qui est seulement apparent, la plupart des méthodes de méditation prennent appui sur ce même corps périssable.

Je vous en conjure, oubliez l'expression « travail sur le corps » et remplacez-la par « travail sur soi-même ». Il n'y a pas de travail sur le corps dans lequel vous ne soyez pas entièrement engagés et il n'y a pas d'activité dans l'existence à laquelle le corps ne participe pas. Certains exercices physiques concernent particulièrement celui-ci, comme la musculation ou la gymnastique. D'autres activités dans lesquelles ce corps joue un rôle important sont, d'une manière ou d'une autre, rattachées à des enseignements spirituels. Cette importance du corps en tant que participant à notre réalité, à notre dignité totale, avait été considérablement oubliée en Europe, mais n'a jamais été perdue de vue dans les enseignements traditionnels quels qu'ils soient, bouddhisme zen, yoga hindou, soufisme, et elle est redécouverte par beaucoup de méthodes modernes de psychothérapie : le training autogène de Schultz, les thérapies inspirées de Wilhelm Reich, l'intégration posturale et bien d'autres.

Mais ces différentes thérapies, utilisant le corps pour transformer le psychisme d'un être humain, ne se rattachent pas toujours à une vision d'ensemble, à la différence des enseignements traditionnels qui forment un tout et pour lesquels chaque instant de l'existence est lié à une vision métaphysique. Si ces enseignements ne sont pas déviés, déformés, il y a là une vue plus complète, « *all embracing* », que dans la psychologie moderne. D'autre part, si le mérite de ces thérapies intégrant le corps est leur découverte par un homme ou une femme doués de grands dons, leur limite est de ne pas avoir deux ou trois mille ans de vérification derrière eux.

En ce qui me concerne, en ce qui nous concerne ici, ce qui m'a été enseigné et que j'ai pratiqué à différentes époques de ma vie se rattache à ce fond que nous appelons traditionnel et bénéficie de cette vision d'ensemble confirmée et reconfirmée à travers les siècles. C'est Swâmi Prajnanpad qui m'a permis de faire la synthèse entre ce que j'avais découvert dans l'enseignement Gurdjieff, par le yoga, auprès de sages tibétains et de maîtres soufis.

C'est toujours de vous qu'il s'agit et remarquez que les mêmes mots sont utilisés aux niveaux physique, psychologique et spirituel. L'expression « lâcher prise », pointant vers le geste intérieur ultime que nous pouvons accomplir pour être libres, désigne aussi une attitude physique. Le relâchement profond de toutes les tensions musculaires, la détente, la décontraction, sont une première approche juste de l'attitude fondamentale de lâcher-prise. Accepter que ce qui est soit, être un avec la réalité de l'instant, vous le vivez d'abord physiquement. Si vous constatez en vous une tension, un blocage, c'est un précieux point d'appui pour comprendre l'essence même de cette conversion, du refus de ce qui est en adhésion parfaite à ce qui est. C'est en soi-même que l'on peut d'abord le vivre de la manière la plus convaincante. Je suis en train de refuser une petite douleur, par exemple, je bascule dans l'acceptation et je vois immédiatement que « tout est changé ». « Lâcher prise » et « aller avec » sont les deux formules les plus importantes à cet égard.

Il n'est peut-être pas question pour vous d'attribuer autant de place au travail sur le corps qu'on en donne sur certaines voies. Au Japon, dans des monastères, en dehors même du zazen immobile, j'ai vu des moines pratiquer soit le judo, soit l'aikido, soit même le karaté et des exercices nombreux dont on ne comprend pas immédiatement, avec notre mentalité d'Occidental, quel rôle ils peuvent jouer dans un développement spirituel, par exemple toutes sortes d'assouplissements des doigts de pied. D'une manière générale, ce qui vous est difficile à admettre c'est la part de l'exercice dans le domaine spirituel. Et Dieu sait si Karlfried Graf Dürckheim a pu insister sur ce point, lui qui avait été essentiellement formé au Japon. On s'exerce tous les jours pendant des années. Il y a une justification aux centaines de prosternations complètes, debout, entièrement allongé à plat ventre, relevé qu'accomplissent tous les jours les Tibétains au début de leur sadhana. Une transformation profonde s'opère peu à peu en nous et ne s'opère pas uniquement à coups de prises de conscience immédiates, éblouissantes, par lesquelles notre compréhension change à tout jamais. La vigilance ou conscience de soi, présence à soi-même, rappel de soi, « *self-remembering* » (le contraire de démembrement) dans la terminologie des groupes Gurdjieff, s'exerce à l'aide du corps : geste conscient, mouvement conscient, immobilité consciente. L'effort de conscience du corps dans l'immobilité et dans le mouvement est une aide dont vous ne pouvez pas vous passer, surtout pour commencer. Or le Français moyen d'aujourd'hui, et malheureusement même le sportif, manque complètement de conscience du corps. Le bon tennisman ou le bon skieur a le sens du mouvement mais j'ai été souvent surpris de constater combien certains, dont je savais qu'ils étaient de très bons joueurs de tennis ou de très bons skieurs, avaient peu de connaissance et peu de maîtrise de leur corps. Je me souviens par exemple d'un garçon qui était arrivé à moi précédé de la réputation d'exceller aussi bien en crawl qu'en ski. Et je l'ai vu en face de moi, les deux épaules manifestement relevées. « Relâchez-vous complètement, relâchez tout, détendez, abandonnez toutes les contractions. » Il est demeuré épaules remontées. « Et vos épaules? » Et à ce moment-là, ses deux épaules sont tombées. Il n'avait pas réalisé du tout que, pour une raison quelconque, peut-être la timidité de se trouver en face de moi pour la première fois ou une cause plus profonde, ses deux épaules étaient restées inutilement contractées. C'est un exemple qui m'a frappé, mais il y a en a eu bien d'autres.

La fondation qui vous conduira un jour à un véritable lâcher-prise, c'est une réelle conscience de la contraction et du relâchement. Quels sont les muscles qu'il est légitime de contracter et quels sont ceux qui peuvent être et doivent être relâchés. Il est possible, couché sur le dos, de lever les jambes en contractant uniquement les abdominaux et en conservant les épaules et les bras parfaitement détendus. Ces exercices qui mettent le corps en mouvement impliquent tous des contractions et la capacité à ne contracter que les muscles nécessaires. Et la plupart d'entre vous ne se rendent pas compte de leurs crispations. Même s'il vous est demandé : « relâchez le visage » quelques-uns gardent front et sourcils manifestement contractés. Il faut venir les toucher pour que le relâchement s'opère. D'autre part il est aussi frappant de voir combien l'homme occidental, même s'il considère qu'il est bien à sa place dans le monde, qu'il a réussi dans son métier et dans sa vie familiale, est peu conscient de sa respiration, expire quand on lui demande d'inspirer ou bloque sa respiration. Une rééducation est indispensable à cet égard même si l'on ne cherche pas à aller aussi loin que les plus grands yogis de l'Inde ou les plus grands maîtres d'arts martiaux ésotériques du Japon.

Au début d'un travail de conscience du corps, il est nécessaire de comprendre l'attitude juste qui doit peu à peu imprégner toute votre existence. C'est fondamentalement une soumission à l'ordre universel, à la vérité et à la justice des situations et non pas une affirmation de l'ego. Cette donnée essentielle de la voie s'expérimente dans le travail sur le corps. Vous vous soumettez à un ordre dont vous n'êtes pas l'inventeur et qui est l'ordre de la naturc. Cc n'est pas vous qui faites battre votre cœur avec votre volonté et, à part certains exercices particuliers, ce n'est pas votre ego qui fait respirer votre respiration.

Dès le départ, vous pouvez sentir les deux attitudes : d'une part celle qui comporte un esprit de compétition, de peur, d'avidité, de comparaison, le désir de vous prouver quelque chose, et d'autre part cette attitude de silence, de soumission à une vie bien plus grande que votre ego et votre mental limités. Et dans cette attitude spirituelle, vous n'avez rien à perdre et tout à gagner. J'ai entendu d'un soufi cette définition : « L'Islam c'est la dilatation de la poitrine. » Quelle audace magnifique dans cette affirmation! Il ne s'agit pas simplement d'un exercice d'ouverture du thorax mais d'une réalisation intérieure qui se découvre, entre autres, au niveau de la respiration. Et il y aurait même beaucoup à dire sur l'importance du mot souffle en français ou du mot *pneuma* en grec (que nous connaissons tous car il a donné en français pneumatique et pneu) et qui désigne aussi la réalité suprême. Comme disait Swâmi Prajnanpad : « Manger est une fonction de la vie, la respiration c'est la vie elle-même. » Il n'y a aucune circonstance dans la vie, aucune, à laquelle votre corps, votre contraction ou votre relâchement, votre respiration, ne participent pas. Par conséquent, il est fondamental, vital même, de se rééduquer dans ces domaines.

***

Je voudrais d'abord attirer votre attention sur un point très simple mais qu'il ne faut plus jamais oublier et qui vous sera inlassablement rappelé si un maître vous aide dans cette ligne. C'est la possibilité de laisser faire au lieu de faire soi-même, et notamment de laisser faire par le relâchement. Si vous pratiquez, vous le découvrirez très vite. Je vais vous montrer ce qu'on peut imaginer de plus simple : pour beaucoup de personnes qui débutent en yoga, quand on leur demande de s'asseoir jambes croisées, non seulement l'idée de prendre la posture du lotus est incompréhensible (il faut être l'homme-serpent pour arriver à contorsionner les jambes comme ça) mais l'idée que les deux genoux doivent toucher le sol leur paraît irréalisable. On s'assied en tailleur donc inévitablement le dos un peu rond, surtout si on est sans coussin, et les genoux dressés. On se rend compte que la posture du lotus implique une souplesse des cuisses et des genoux qui sera peut-être longue à acquérir. « Est-ce tellement nécessaire sur le chemin? L'esprit, l'âme, l'atman n'ont rien à voir avec la musculature des jambes. » Eh bien si, parce qu'il est indispensable, soit pour méditer, soit pour se situer en face de quelqu'un dans la vie tout en restant naturel, de pouvoir s'appuyer sur une attitude juste dans laquelle la respiration, le diaphragme, la colonne vertébrale, la circulation de l'énergie en vous sont harmonieusement intégrés.

Le point de départ de beaucoup – pas ceux qui ont pratiqué longtemps la danse et ceux qui ont par nature une laxité particulière – c'est de s'asseoir les jambes croisées en tailleur mais les genoux levés. On voudrait alors que les genoux se baissent peu à peu jusqu'à toucher le sol. Il y a des exercices pour cela, c'est vrai, et si vous ne les pratiquez pas abusivement vous éviterez les élongations à chaque séance et vous arriverez peu à peu à progresser. Mais il faut aussi expérimenter que par le simple relâchement vous pouvez gagner en souplesse. Détendez, détendez – aïe, ça tire, oui, oui ça tire –, détendez, et les genoux descendent, descendent. Eh oui juste relâcher. Toute l'attention se porte dans la cuisse, détendez. Ça fait mal, un peu mal, d'accord, mais enfin ça n'est pas comme si, avec une poulie ou des instruments de mécanothérapie, on pratiquait une extension forcée. Et si vous êtes capables de lâcher complètement les tensions, sans pousser et sans efforts spéciaux, rien que par la détente, vous gagnez plus vite que vous ne l'imaginez une possibilité d'amplitude des mouvements par l'extension du muscle qui ne vient pas d'un exercice, comme celui des danseuses s'étirant à la barre, mais uniquement du relâchement. Alors ce sera pour vous une joie de vous exercer.

De la même manière, pour faire ce qu'on appelle en yoga la « pince » debout, vous vous penchez en avant, en pliant non pas au niveau de la ceinture mais au niveau des hanches, le plus bas possible, vous vous repliez en deux et, idéalement, le thorax se colle contre la cuisse, la tête repose sur les genoux. Comment allez-vous vous exercer? Vous pouvez vous exercer en tirant sans forcer, un peu tous les jours. Mais vous pouvez aussi, aujourd'hui, demain, vous pencher en avant, laisser tomber la tête, et accomplir uniquement un exercice intérieur de relaxation : je dirige mon attention dans les cuisses, dans le dos, dans la nuque, je relâche, je relâche. Ça tire, ça tire! Je dis oui, je vais avec. Il n'y a aucun danger : ce n'est pas avec le poids de votre tête que vous allez provoquer un déchirement musculaire. Je relâche, je relâche, mais pour cela il faut savoir le faire, comprendre comment il faut s'y prendre. Et vous descendez, vous descendez vers le sol uniquement par le relâchement, quel que soit votre niveau.

La posture de la pince comprend, c'est vrai, le fait d'attraper les gros orteils avec les doigts, puis d'utiliser les bras pour exercer une flexion en avant, que vous l'accomplissiez debout ou assis sur le sol les jambes bien droites. Mais il y a d'abord à gagner tout ce que vous pouvez gagner par le seul relâchement, non pas en trente secondes, mais en cinq minutes, dix minutes. Il faut entrer dans la posture avec patience.

Il y a là l'essence même de l'attitude de non-agir. En même temps que vous progressez dans la posture et le relâchement, vous pratiquez l'abandon ou la soumission au « souffle ». Puisque ce mot est chargé d'un contenu très riche, pourquoi ne pas l'utiliser dès maintenant en pressentant que ce contenu va se révéler à vous peu à peu? Sauf dans les exercices particuliers, il n'y a rien à « faire » de spécial. Vous inspirez par le nez, vous expirez par le nez si on ne vous précise pas le contraire, le plus normalement possible. Vous ne forcez ni l'expiration ni l'inspiration, vous encouragez seulement l'expiration à s'accomplir le plus complètement possible.

Rien que par le lâcher-prise et le aller-avec, votre expiration peut s'amplifier. Le malheur de l'être humain ordinaire n'est pas qu'il « respire » mal, c'est qu'il *expire* mal, comme s'il portait en lui une peur – et il y a certainement une peur, c'est à chacun d'en prendre conscience et de la dépasser –, une peur d'expirer complètement. Car le mot expirer signifie à la fois se vider les poumons et mourir.

Tous ceux qui sont un peu informés savent la nocivité de cet air résiduel qui n'est jamais complètement expulsé. Dans des méthodes de culture physique tant soit peu intelligentes, au lieu d'insister avant tout sur l'inspiration, on vous aide à expirer, expirer de plus en plus profondément, parfois en contractant tous les muscles du ventre pour appuyer encore plus sur le diaphragme. Si l'on souffre d'un problème respiratoire quelconque, il faut se préoccuper d'abord d'expirer et ensuite l'inspiration se fera d'elle-même. Mais là il s'agit d'une expiration forcée. Or je parle maintenant d'une expiration qui généralement ne se fait pas comme elle devrait se faire, d'elle-même, instinctivement, et qui s'accomplira spontanément si votre attitude d'abandon est suffisante, sans que vous ayez à forcer ou à faire par vous-mêmes quoi que ce soit. Je l'ai découvert comme bien d'autres et vous pouvez aussi le découvrir. Je parle seulement de ce qui est accessible ici, pas de ce que j'ai vu ou même éventuellement pratiqué mais qui demande de passer six mois sur place quelque part en Inde. Je vous propose des choses simples. Libre à vous de pousser plus loin si vous voulez. Je m'en tiens à ce qui est fondamental.

En même temps que vous vous relâchez musculairement, vous vous relâchez psychologiquement, vous vous relâchez mentalement. C'est votre être entier qui lâche. Il n'y a aucun danger. Que risquez-vous dans cette pratique? Qui va vous agresser? Osez la non-protection. Relâchez physiquement, émotionnellement, mentalement. Ressentez cette attitude : je ne cherche pas à gagner, à conquérir quelque chose. C'est une autre approche. Je cherche simplement à lâcher et je vais avec. Cela ne se produit pas immédiatement. Il faut quelques secondes ou quelques minutes. Vous devez pouvoir détendre des parties du corps qui au début de votre entraînement vous échappent complètement, et même si d'autres parties doivent être contractées, détendre notamment le front, le crâne, le visage, la mâchoire. On peut observer dans les cours de yoga combien le manque de conscience du corps amène l'élève à prendre une posture avec un visage aux sourcils inutilement relevés, au front plissé et à la mâchoire serrée. Expirez, osez expirer, au sens complet du mot expirer. Videz-vous sans forcer, par l'attitude intérieure, l'attitude mentale. Le mouvement qui s'accomplit même si vous ne vous en occupez pas, nuit et jour depuis que vous êtes nés, de lui-même ira plus loin dans l'expiration.

Le premier exercice à pratiquer dans l'assise immobile est celui de la liaison entre le relâchement des muscles les uns après les autres et la sensation interne du corps. C'est un exercice que j'ai beaucoup pratiqué dans les groupes Gurdjieff. Au début du premier voyage que j'ai accompli en Inde, en 1959, j'étais avant tout intéressé par ce que nous appelons le yoga et c'est en cours de séjour que mon intérêt a basculé vers le védanta. Je suis donc allé dans différents centres de yoga. J'ai surtout travaillé avec un yogi qui vivait à cette époque à l'ashram de Mâ Anandamayi et j'ai été émerveillé de voir qu'il me proposait le même exercice que dans les groupes Gurdjieff : la détente systématique de tous les muscles, liée à la sensation de chaque partie du corps et de l'énergie au repos dans tout notre organisme dont, peu à peu, chaque cellule se révélera intensément vivante.

Nous demandons aux muscles de se relâcher mais nous ne pouvons pas les relâcher de force. C'est cela qui doit être bien compris. Vous pouvez par vous-même contracter tel ou tel muscle, serrer le poing, durcir vos biceps mais relâcher consiste simplement à ne plus contracter. Vous pouvez faire du bruit, vous ne pouvez pas faire du silence. Par contre, si vous cessez de faire du bruit, vous aurez le silence. Si vous cessez complètement de contracter vous allez peu à peu revenir au relâchement. C'est une demande humble que vous adressez aux muscles. Vous leur demandez de vouloir bien renoncer à leurs tensions. Vous ne pouvez pas les obliger à se relâcher, cette attitude en elle-même serait déjà source de tension. Vous ne pouvez pas vous tendre intérieurement pour mieux obtenir une détente du corps. Il y a une habileté à trouver.

Un point doit être tout à fait clair pour vous. Il existe deux approches du relâchement. Une fait appel au mouvement : vous avez les poignets contractés et vous secouez les mains, les épaules contractées et vous les haussez, abaissez, tournez d'avant en arrière. Si vous êtes allongés sur le dos et n'arrivez pas à vous relaxer, on peut vous aider en saisissant votre pied et en secouant votre jambe. Si en même temps vous ne prenez pas peur et ne vous crispez pas, votre jambe se relâche encore plus.

Par contre, la seconde approche du relâchement, elle, demande l'immobilité. La règle fondamentale exige : à partir de maintenant je ne bouge plus quoi qu'il arrive. On ne vous demande pas de tenir trois heures de suite, rassurez-vous. Dès que vous bougez, quoi que ce soit, non seulement vous n'aidez pas au relâchement, mais vous revenez à la surface de vous-même, vous faites le jeu des pulsions motrices. Vous avez perdu quelque chose.

Pour demeurer immobile, il faut une posture que vous

puissiez conserver sans qu'elle soit pénible. Peu à peu vous rectifierez celle-ci jusqu'à ce qu'elle vous convienne et soit, comme disent les Yoga Sutras de Patanjali, « à la fois stable » (vous n'avez pas besoin de remuer tout le temps) « et agréable ».

Dans le courant de l'existence, vous pouvez vous relâcher dans toutes sortes de positions, assis sur une chaise, dans un fauteuil, même quelque peu affalé pour avoir l'air naturel quand vous vous trouvez en collectivité. Avec la pratique, vous pourrez relâcher profondément certains muscles pendant que d'autres fournissent leur effort. Et quand vous tentez de vous détendre, revenez régulièrement au contrôle du relâchement du visage.

Il y a un petit effort à faire pour se relâcher, au début, un effort pour ne pas laisser les pensées et les distractions vous assaillir, parce que chaque pensée implique un minimum de contraction ou en tout cas un commencement d'impulsion motrice qui correspondrait à la mise en œuvre de cette pensée mais qui est inhibé par d'autres mécanismes. Il faut, si vous pratiquez un exercice de relâchement et de sensation du corps, tenter de ne plus penser. Il ne s'agit pas là de regarder les associations d'idées et d'en être le témoin – c'est un autre exercice – mais d'accrocher votre intérêt au relâchement lui-même et, pour avoir une prise plus concrète, à la sensation intérieure profonde des différentes parties de votre corps. Ensuite viendra la perception du mouvement en vous de certaines énergies, mais ce n'est pas la peine d'en parler tant qu'on ne l'expérimente pas.

Swâmiji disait : « Intérieurement soyez activement passif, extérieurement soyez passivement actif. » « Extérieurement, passivement actif » veut dire actif mais avec un non-agir, un lâcher-prise, une soumission intérieurs. Et pourquoi « intérieurement, activement passif »? Si vous n'exercez pas une certaine activité pour vous rendre passif, vous ne serez pas silencieux intérieurement : vous serez agités, des pensées viendront. La moindre impulsion motrice est une action, une pensée est une action mentale. Si vous vous contentez de ne rien faire, « allongez-vous, relâchez-vous, faites le vide, ne pensez à rien », au lieu de ne penser à rien vous allez vous laisser happer par les associations d'idées, les distractions et vous ne serez nullement passif. Vu du dehors vous resterez immobile mais intérieurement? Et au bout de quelque temps, vous ne serez même plus immobile vu du dehors. Ça va commencer à bouger, le visage, les épaules, les doigts. Extérieurement, soyez passivement actif, comme un instrument de la vérité ayant une compréhension supérieure à la compréhension ordinaire du mental. Intérieurement soyez activement passif, vigilant.

***

Je ne dis pas « prenez une posture » mais « entrez dans une posture », celle que vous voulez, une posture que vous puissiez tenir sans bouger, même si elle n'est pas parfaite.

Je vous suggère de choisir la direction du regard du zazen, à un mètre environ devant vous, sans rien regarder précisément. L'attitude yeux ouverts, regard horizontal est possible aussi. Au départ vous avez intérêt à choisir un point de repère, par exemple un gros rond de couleur sur un carton que vous accrochez au mur ou posez en face de vous. Il vous aide à stabiliser votre regard et, au bout de quelque temps, vous ne le voyez plus parce que toute votre attention est tournée vers l'intérieur. Méditer les yeux fermés augmente les rêveries. Les yeux clos sont associés au sommeil et, comme on a très souvent un peu de sommeil en retard, on commence à s'assoupir. Et il faut aussi, en dehors de la méditation, que vous puissiez utiliser un exercice de relaxation profonde justement pour vous endormir.

Il est très important de pouvoir, même au milieu de la journée, même si vous n'avez qu'un quart d'heure devant vous, couper toute activité, déconnecter comme on arrête un moteur qui chauffe. Vous vous allongez, vous fermez les yeux, vous vous décontractez, vous portez toute votre attention dans le bras, dans la jambe, le front, le ventre, partout, vous relâchez avec l'idée que vous allez entrer consciemment dans le sommeil. Dans la méditation, vous utilisez ce même exercice de relâchement profond non plus comme une préparation au sommeil mais au contraire comme un exercice d'éveil.

Garder les yeux légèrement entrouverts vous permettra aussi de faire de mieux en mieux le lien entre une méditation particulière et l'existence afin que ce ne soit pas deux choses complètement différentes. Car vous ne pouvez pas vivre les yeux fermés. Ce qui est important, c'est de tourner toute l'attention vers l'intérieur et de ne plus voir ce qui est au-dehors. Après tout, quand on rêvasse, quand on est comme nous disons en français « dans la lune », on garde les yeux grands ouverts mais on ne voit rien parce qu'on est entièrement dans ses pensées. Eh bien en méditation vous ne voyez rien parce que vous êtes entièrement dans votre vigilance.

Jusqu'à ce que vous soyez suffisamment exercés, intérioriser l'attention constitue un réel retournement d'attitude. Votre attention, qui jusque-là s'échappait vers l'extérieur, va se concentrer vers l'intérieur, vers la profondeur et non plus vers la surface. De centrifuge, elle va devenir centripète. Doucement, n'opérez pas brutalement cette conversion. Commencez à sentir : je suis ici, je suis assis ici. Prenez une conscience générale de votre présence physique. Votre pensée, vous l'accrochez à cette prise de conscience, c'est à cela qu'elle va s'intéresser maintenant : « Je sens. » Non plus penser mais ressentir. Essayez d'avoir d'abord une perception globale de vous-même : « Je suis. » Sentez votre forme, votre structure autant que vous le pouvez, prenez en conscience. Comment est placée ma tête, penchée en avant ou en arrière, les épaules, les mains, les poignets, les jambes, le dos, la colonne vertébrale; essayez de sentir. Restez bien immobiles et tournez tranquillement votre attention vers l'intérieur. Essayez d'abord d'approfondir la conscience de votre présence physique.

Le fait de tourner son attention vers l'intérieur, d'arrêter le mouvement des chaînes de pensées, de distraction, d'agitation, s'orienter de la périphérie vers le centre, est une action. Vous mettez en œuvre une décision, vous inversez le cours de votre intérêt, et cette action, inévitablement, fait lever la réaction correspondante, c'est-à-dire un refus : « Non je n'ai pas envie du silence, j'ai envie de continuer à penser, j'ai envie de continuer à bouger. » Pour dépasser ce jeu de l'action et de la réaction, dites d'abord oui à ce refus, c'est la seule manière de le dépasser. Soyez d'accord mais ne cédez pas. Oui je suis d'accord pour que cet obstacle intérieur se présente. Et cet obstacle ne mettra pas immédiatement un terme à votre exercice ou ne vous mettra pas dans une situation de lutte par laquelle vous sortez d'un exercice de relâchement encore plus contractés qu'avant de commencer.

Tranquillement, toujours tranquillement, décidez : à partir de maintenant et pendant quelques minutes, je ne bouge plus, une immobilité de statue, même si je m'aperçois qu'il y a des contractions. Portez toute votre attention, tout votre intérêt – il n'y a plus que ça au monde qui compte – dans le relâchement du visage autant que vous le pouvez. Ne faites rien, ne fabriquez rien, surtout ne bougez rien même sous prétexte de relâcher. Uniquement de l'intérieur, détendez, la mâchoire, les sourcils, le front, le crâne. Au moins, puisque vous allez faire un certain effort d'attention, que cet effet n'entraîne aucune tension dans votre tête. Ne bougez pas, demandez humblement, demandez à votre crâne de se relâcher, envoyez patiemment comme des ondes de relaxation tout en sentant que ce n'est pas vous qui pouvez *faire*.

Puis vous portez toute votre attention dans le bras droit et, par l'intérieur, vous essayez d'en avoir la sensation. Toute votre attention se concentre dans la main droite, ne bougez rien, juste relâchez ou tentez de relâcher. Relâchez le poignet droit, l'avant-bras droit, bien profondément. Plus vous relâchez profondément, plus la sensation intérieure devient précise. Détendez toute l'épaule et tout le bras droit. S'il y a un refus de l'exercice, envie de bouger, envie de tout abandonner, ne soyez ni déçus, ni fâchés, ni révoltés, une fois encore acceptez. Revenez à un rapide contrôle du visage, relâchez le plus complètement possible le front, la mâchoire, le crâne.

Bien, maintenant main gauche; il n'y a plus que cela qui compte. N'acceptez pas de vous laisser emporter par les pensées. Revenez à la sensation. Main gauche, je relâche encore plus, poignet gauche, détente, détente. Vous pouvez poursuivre avec chaque partie du corps successivement.

Le relâchement profond, c'est le silence du corps. Essayez de sentir votre corps entier, comme une forme, un volume que vous habitez, que vous remplissez de votre sensation. Dès qu'un muscle se contracte, détendez-le à nouveau. Toute votre attention est tournée vers l'intérieur et vous prenez appui sur la sensation, vous accrochez votre attention à la sensation, vous occupez votre tête avec la sensation de vous-même.

Laissez la respiration s'accomplir normalement. Prenez conscience que *ça* respire, une respiration naturelle, calme, et, à chaque expiration, approfondissez encore le relâchement profond de tous vos muscles et la sensation que vous avez. Vivez une attitude de détente qui vous engage entièrement. Lâchez mentalement, complètement. Si une distraction vous ramène à la surface, n'entrez pas en conflit avec elle, ne regrettez rien : oui j'ai été distrait un instant, je reviens au relâchement et à la sensation. Ne perdez surtout pas la conscience de vos deux bras, ne laissez pas des impulsions motrices non conscientes s'emparer de vous, sentez que vos deux bras sont lourds, abandonnés et que, si vous vouliez les bouger, il faudrait réintroduire une certaine tension dans ces bras, une impulsion motrice et une tension.

Essayez, tout en demeurant très conscients du relâchement et de la sensation, de vous représenter que vous allez légèrement lever les deux avant-bras, les deux mains jusqu'à vingt centimètres au-dessus de vos genoux. Représentez-vous ce qui va se produire. Vous allez envoyer de nouveau une certaine impulsion motrice dans les bras. Et très consciemment, vous réanimez ces deux bras, sans perdre la sensation, sans perdre le relâchement, juste le minimum d'énergie nécessaire pour que, lentement, lentement, en contrôlant bien, les deux bras se soulèvent un peu. Ne perdez pas la sensation. Une contraction est nécessaire, mais pas plus qu'il ne faut. Lentement, très consciemment, maintenez les avant-bras à quinze-vingt centimètres au-dessus de vos genoux ou de vos cuisses, et sentez que vous relâchez tout ce qui n'a pas à être contracté. Exercez-vous à maintenir le minimum de tension pour que les bras ne retombent pas et, en même temps, détendez. Gardez la sensation par l'intérieur et, à chaque expiration, relâchez autant qu'il est possible sans que les bras s'abaissent. Et maintenant en contrôlant, lentement, consciemment, toujours avec la sensation, redescendez les bras jusqu'à ce qu'ils reposent de nouveau sur le genou et la cuisse et, de nouveau, lâchez tout, relâchez, relâchez la main, le poignet, l'avant-bras, approfondissez la sensation que vous en avez.

***

Si vous avez pu, tant soit peu réussir ce petit exercice tout simple, vous avez fait une constatation dont vous ne pouvez pas imaginer l'importance. Vous avez vu que vous pouvez faire grandir, par la sensation, une conscience de votre corps physique, de votre présence physique, *annamayakosha*, le revêtement du Soi composé de matière grossière ou de nourriture. Il est dur si vous êtes contractés, ou mou si vous êtes relâchés. Vous pouvez lui donner une certaine forme, comme vous donneriez une forme à de la pâte à modeler : l'attitude, la posture. Vous prenez une position et vous en avez, simplement, la sensation. Il se trouve que cette sensation est liée à la décontraction. Et, si vous avez eu tant soit peu la sensation de la cuisse gauche ou du bras droit, vous pouvez déjà admettre qu'il est possible d'avoir la sensation de toutes les parties du corps simultanément, donc une conscience très précise de votre enveloppe physique.

A partir du moment où vous percevez l'énergie motrice au repos, vous prenez conscience de *pranamayakosha*, le deuxième kosha, le revêtement fait de vitalité. Votre bras droit est animé d'unc éncrgie mais cette énergie est au repos, à l'état latent, potentiel. Il n'y a plus d'impulsions motrices contrecarrées par une inhibition. Votre bras est complètement détendu mais il est vivant. *Pranamayakosha* fait le lien entre le corps physique et le corps subtil. Cette énergie imprègne, emplit toute votre enveloppe physique. Vous commencez votre tentative par l'énergie motrice sur laquelle vous avez un certain pouvoir : je lève les bras, doucement, pas plus qu'il n'est nécessaire et je reviens au repos. Voilà que vous commencez à prendre conscience de *pranamayakosha* et à gagner une certaine connaissance de cette fonction. Comprenez bien que l'énergie dans votre corps, au niveau de *pranamayakosha*, c'est-à-dire non plus physique mais physiologique, se manifeste de deux manières. Une manière qui, normalement, dépend de votre contrôle, lever le bras, baisser le bras, tourner la tête à droite, tourner la tête à gauche. Ce sont les fonctions motrices qui, d'ailleurs, doivent toutes être éduquées. Puis vous reconnaissez l'énergie sous la forme des fonctions instinctives qui, elles, n'ont pas besoin d'être éduquées chez l'homme ni chez les animaux. Vous n'avez pas besoin d'apprendre à respirer, à faire battre votre cœur ou à sécréter les sucs digestifs. Toutes ces fonctions s'accomplissent d'elles-mêmes. Mais elles relèvent aussi de *pranamayakosha*. En sentant l'énergie immobile, au repos, qui imprègne votre corps entier, première saisie sur *pranamayakosha* qui est finalement très simple, vous arriverez à une conscience et à une maîtrise de plus en plus grande sur ce kosha.

Quand vous inspirez, même d'une façon normale sans modifier le rythme ou l'amplitude de la respiration, une énergie, le prana, pénètre en vous, pas seulement l'oxygène, et sur cette énergie, la conscience peut exercer un contrôle.

Vous arriverez à sentir, en expirant, ce prana qui s'accumule dans telle ou telle région du corps. En même temps que vous expirez, vous pouvez diriger le « souffle » dans chaque partie de votre organisme. Vous avez, par la conscience, un certain pouvoir d'orienter la répartition de l'énergie en vous. Et vous verrez progressivement que cette énergie peut être transformée, raffinée comme on raffine le pétrole pour en faire du mazout, du fuel et du supercarburant. C'est une question d'exercice.

Avec une attention un peu plus affinée, vous constaterez un échange d'énergie entre vous et l'extérieur qui ne passe pas par les voies respiratoires, le nez, l'arrière-gorge, les bronches, les poumons. Vous pouvez percevoir que l'air et le prana pénètrent en vous non seulement par le nez mais par toute la surface de votre être comme si vous étiez conscients de la respiration par les pores de la peau. Vous pouvez ainsi vous représenter que votre dos est perméable et que l'énergie pénètre en vous à travers celui-ci. Je peux vous affirmer que cet exercice a un très grand sens. Tôt ou tard, ce ne sera plus pour vous une représentation mais une perception. Vous admettez que les ondes des programmes de télévision ou de radio puissent pénétrer en vous et vous traverser mais comme vous n'êtes ni un téléviseur ni un poste de radio, vous ne pouvez pas les capter. Eh bien, il existe des ondes, des vibrations, des énergies, comme vous voudrez, qui circulent dans l'atmosphère, qui pénètrent en vous et que vous pouvez digérer, assimiler si vous êtes suffisamment conscients. Vous verrez qu'il est possible de « recharger ses batteries » – j'emploie bien volontiers cette expression – grâce à une respiration consciente et notamment cette respiration à travers la surface du corps. Vous pouvez vous nourrir du prana par lequel vous êtes enveloppés, dans lequel vous baignez.

Vous pouvez découvrir le pouvoir de la conscience qui est la source de tout, qui est déjà présente dans le spermatozoïde et l'ovule. Le spermatozoïde et l'ovule ne deviendraient jamais un être humain après avoir fusionné si cette prodigieuse intelligence qui fait un bébé en neuf mois n'était pas à l'œuvre. Évidemment, il faut que vous soyez paisibles, silencieux, sans rêveries ou associations d'idées, parfaitement intériorisés. A partir de la sensation du corps et de l'énergie au repos vous laissez alterner normalement l'inspiration et l'expiration mais vous en êtes intensément conscients. A chaque inspiration, vous sentez que, de partout, l'énergie vous pénètre. A chaque expiration, vous sentez que cette énergie se répand dans tout votre organisme ou se concentre particulièrement dans une partie du corps que vous avez choisie.

Il existe de nombreux exercices de plus en plus élaborés fondés sur l'accumulation de l'énergie. Celle-ci n'étant gaspillée, ni en pensées, ni en rêveries et surtout pas dans le double mouvement d'impulsions motrices et d'inhibitions, s'amasse en nous. L'énergie s'accumule. Et en un éclair, on se lève d'un coup, comme un chat qui bondit. Ou l'énergie s'accumule dans le ventre et, à partir de là, vous pouvez émettre un son, un cri qui, avec l'entraînement, peut s'avérer d'une très grande puissance. Vous arriverez vite, très vite si vous vous exercez régulièrement, à sentir les différents niveaux de raffinement de l'énergie : l'énergie grossière, l'énergie plus subtile, l'énergie encore plus subtile. Et cette maîtrise commence simplement avec ce petit exercice consistant à sentir que le bras est complètement décontracté puis à envoyer dans celui-ci un peu d'impulsion motrice tandis que tout le reste du corps demeure relâché.

*
* *

A la fin de votre pratique, prenez conscience à nouveau de tout votre être, une conscience globale, une perception vive de votre présence physique. Et vous allez retourner vers l'extérieur, vous allez de nouveau regarder autour de vous.

Une part de votre attention revient du centre vers la périphérie, de la profondeur vers la surface. Sentez simplement si vous avez envie de bouger ou si, au contraire, vous seriez même d'accord pour continuer cet exercice plus longtemps. Percevez comment se situent les deux mouvements de l'attention, celui qui va vers vous-même, vers la conscience de soi, et celui qui vous repousse vers la surface, la distraction, l'éparpillement dans les « formes », qu'elles soient extérieures à vous ou intérieures à vous comme des pensées. Sentez bien le dynamisme centripète et le dynamisme centrifuge, le mouvement de recueillement vers le centre et le mouvement de dispersion vers l'extérieur.

Vérifiez s'il y a en vous une zone contractée parce que vous vous êtes demandé l'immobilité dans une posture qui n'était pas parfaite. Êtes-vous contractés dans le cou, la nuque, les épaules, le haut du dos, les vertèbres lombaires? Maintenant vous pouvez donner libre cours à votre envie de remuer. C'est le jeu normal de l'action et de la réaction. Après l'immobilité, apparaît le désir de bouger. Mais ce doit être une réaction consciente. Vous n'allez pas rester immobiles comme des statues jusqu'à la fin de votre vie. Alors soyez d'accord, accompagnez la réaction. A présent c'est le moment de remuer mais en tâchant de ne pas être emportés. Je réponds consciemment à une demande. Dans l'existence, vous n'éviterez pas le jeu de l'action et de la réaction mais vous pouvez soit vivre consciemment la réaction soit être emportés.

Je veux encore attirer votre attention sur certains points. Pour peu que vous ayez ressenti la possibilité de vous détendre en profondeur dans l'immobilité, pour peu que vous ayez senti vos bras de l'intérieur, que vous en ayez eu la sensation, pour peu que vous ayez donné le minimum de tension nécessaire pour lever les bras et, les bras levés, que vous ayez cherché encore la sensation au moment de l'expiration et dans la détente, vous avez compris l'essentiel. Après, le reste est une question d'exercice. Vous avez la base d'une pratique

que vous poursuivrez d'année en année, car vous pouvez pousser plus loin votre connaissance de vous-même. A partir de cette sensation du corps dans l'immobilité, vous découvrirez ce que vous ne soupçonnez même pas aujourd'hui.

C'est avec cet exercice que tout commence. Supposez que certains d'entre vous n'aient jamais entendu parler d'une pratique comme celle-ci et que cette découverte les ait intéressés, c'est peut-être le jour le plus important de toute leur vie. Ce qui conduit à la maîtrise des énergies subtiles, à toute une alchimie intérieure, à une conscience de soi absolument inhabituelle et même à certaines possibilités mystérieuses, commence par là. L'attention cesse de se disperser dans les pensées, les désirs, les dualités et tout l'intérêt se tourne vers soi-même. Nous inversons vingt ans, trente ans, quarante ans d'orientation de notre énergie et d'habitudes physiques, émotionnelles et mentales.

Certains d'entre vous remarqueront peut-être que cet exercice fait lever en eux une résistance énorme. Voyez-le. Si cette démarche ne vous intéresse pas, si elle est uniquement fastidieuse, ingrate, il est certain que vous n'aurez pas idée de reprendre ce genre d'exercices ou de les poursuivre plus loin, à moins qu'un fait nouveau n'intervienne qui vous touche dans le fond du cœur et qu'un intérêt absent aujourd'hui ne naisse alors. Cet intérêt peut d'ailleurs avoir sa racine dans l'ego mais tous les points de départ sont bons. Ceux qui se sentent faibles, infériorisés, humiliés par la vie découvrent une possibilité de réussite et de revanche sur leur destin qui ne leur est pas refusée.

Quand j'ai commencé ce type de méditation à l'âge de vingt-quatre ans, j'avais surtout connu jusque-là déboires, déceptions, frustrations et je me rassurais : « Voilà au moins quelque chose qui va m'être donné, je vais avoir part à cette grande connaissance des yogis. » Il y avait donc là un élément émotionnel qui émanait directement de l'ego. Mais il avait sa valeur puisqu'il m'a convaincu de tenter ces exercices et de les poursuivre régulièrement jour après jour pendant des mois et des années bien qu'après l'enthousiasme des premiers temps, toutes sortes de refus se soient levés.

En tout cas, cette tentative d'intériorisation vous permet de prendre conscience du pouvoir que vous avez ou n'avez pas sur vous-même. Puis-je demander à ma pensée de s'orienter dans le sens que je décide, ou ma pensée est-elle la plus forte et s'oriente-t-elle dans le sens qu'elle désire? Puis-je demander à mon corps de ne plus bouger ou mon corps éprouve-t-il des impulsions motrices sur lesquelles je n'ai pas de pouvoir au point qu'en le maintenant immobile je n'ai plus qu'une envie, me lever? Et si des pensées apparaissent, se dissipent-elles comme passe un oiseau dans le ciel, ont-elles une charge émotionnelle qui nous trouble et nous agite?

Rien qu'avec ces premières tentatives vous pouvez déjà faire beaucoup de remarques. L'idée de rentrer en vous-même, de prendre conscience de vos fonctionnements, d'opérer peu à peu une immense transformation intérieure vous intéresse-t-elle? Et deuxième point : cette tentative de silence vous a-t-elle été ou non facile? Certains jours, les distractions vous harcèlent et vous n'arrivez pas à vous réunifier dans le silence. D'autres jours, la méditation s'avère aisée. L'être entier paraît être d'accord et l'on éprouve une joie immense.

***

Outre leurs bénéfices propres, les diverses asanas du yoga préparent efficacement le corps à prendre et à conserver une posture de méditation à la fois ferme, aisée et détendue.

Dans la pratique de ces postures il y a essentiellement deux approches possibles. L'une, c'est de considérer que vous avez une heure ou une heure et demie devant vous et allez demander à votre corps de prendre le plus grand nombre de postures possible. Évidemment vous ne les tiendrez pas longtemps chacune mais, pour peu que vous ne vous contractiez pas inutilement, tout votre corps aura été mis en œuvre et étiré pendant un long moment. Les postures de yoga, chacun le sait, n'agissent pas seulement sur les muscles, elles stimulent la circulation et les différents organes : je me sens vivant, je me sens éveillé, je me sens unifié après la séance.

L'autre méthode repose sur la patience. Debout, je me penche en avant, je laisse tomber les bras, la tête et je relâche encore, je détends encore, et la flexion s'accentue d'elle-même. Chaque posture peut être conservée plusieurs minutes.

Avant de savoir si vous pouvez obtenir un contrôle sur les muscles lisses et autres performances dont on peut discuter entre admirateurs du yoga et médecins, sachez que vous pouvez gagner une sensation très profonde de chaque partie du corps qui est innervée. Bien sûr, il est plus difficile, à l'exercice, d'obtenir la sensation de petits muscles, les dentelés par exemple, que celle de la masse musculaire des cuisses. Mais vous pouvez gagner ce relâchement subtil de chaque muscle et la sensation intérieure de ceux-ci jusqu'à ce que la sensation de tout le corps soit très précise. A partir de là vous irez de plus en plus loin dans la conscience de l'énergie qui vous anime.

Il y a donc deux pratiques auxquelles vous pouvez vous exercer et qui seront à votre disposition aussi bien en méditation que dans le courant de l'existence. L'une à laquelle vous arriverez peu à peu et à laquelle ce genre d'exercice vous prépare est une décrispation générale immédiate : abandonner toutes les tensions en un instant. Mais dans les conditions de vie autres qu'un ashram au bord du Gange, vous n'atteindrez pas une détente profonde en quelques secondes ou profonde peut-être mais seulement partielle. Il faut s'y exercer. L'autre est ce relâchement lent qui demande de la patience. Votre attention demeure plusieurs minutes dans chaque région du corps.

Alors vient la possibilité de sentir qu'avec le relâchement il y a comme un poids dans la tête qui tombe, qui descend.

Puis les épaules se dégagent. Vous vivez de l'intérieur qu'un mouvement d'énergie lourde s'accomplit vers le bas et un autre mouvement d'énergie fine s'élève en sens inverse. Laissez descendre tout ce qui peut tomber et vous prendrez conscience d'une énergie fine, légère, qui s'élève depuis la base. Ne vous occupez pas de savoir si c'est la kundalini. Occupez-vous de ce que vous ressentez.

Ces exercices peuvent être poussés plus loin. Quand vous commencez à percevoir une sensation très nette de tout le dos, vous êtes situés à l'arrière de vous-même, axés dans la colonne vertébrale et la nuque. Votre visage est devant vous, presque comme si vous portiez un masque, votre cage thoracique est devant vous, tout votre organisme est en avant et *vous* êtes situés dans votre dos. Établis dans cet axe, vous pouvez sentir comme si un fil attaché au sommet de votre crâne vous tirait vers le ciel. Le commencement de toutes ces pratiques, c'est de découvrir ce relâchement patient dans l'immobilité totale. Exercez-vous.

Cette ascèse immobile vous prépare à une nouvelle compréhension du mouvement. La tête prend la décision de faire un mouvement. Ensuite, ce n'est pas elle qui peut diriger ce mouvement mais une autre intelligence, un autre cerveau comme disait Gurdjieff, le cerveau moteur. La tête décide « je vais me baisser le plus bas possible » et elle demande au corps d'exécuter cette décision. Ensuite la tête n'a plus à intervenir parce qu'elle voudra forcer l'extension sans comprendre la loi du corps. C'est à l'intelligence du corps de prendre le relais et de donner l'impulsion motrice. Vous avez l'idée d'une posture de yoga et vous demandez au corps de la prendre.

Peu à peu l'origine du mouvement va changer pour vous. Pour trop d'entre vous, Occidentaux, c'est le centre intellectuel, la tête, qui dirige tout et il vous manque la conscience de ce cerveau du corps. En fait vous découvrirez peu à peu d'où vient l'impulsion et vous découvrirez que le centre de l'immobilité, c'est le hara, le bas-ventre, tandis que le centre du mouvement, lui, est situé dans la base du dos, dans le sacrum. A partir de là peuvent s'accomplir tous les mouvements.

Si la base du dos était fixe dans l'espace, qu'elle ne bouge plus, voyez le nombre de mouvements que vous pourriez exécuter autour de ce pivot, beaucoup plus qu'autour de tout autre point du corps. Par contre, autour de l'épaule fixée dans l'espace, que pouvez-vous faire comme gestes? Tout au plus bouger le bras. La base du dos considérée comme un axe, bien en équilibre sur une jambe, je peux lever l'autre jambe; une fois l'autre jambe levée, je peux lever les bras, je peux me pencher en avant. C'est dans ce point qui, lui, resterait toujours fixe, que l'on situe traditionnellement le centre moteur, c'est de là que part l'initiative du mouvement et c'est cela qu'il faut arriver à expérimenter.

Vous allez découvrir d'une manière très concrète l'attitude fondamentale qui vous engage corps, âme, esprit. Qu'est-ce qui est ouverture, qu'est-ce qui est affirmation? Ouverture à une force, la *shakti*, l'énergie divine, que vous sentirez supérieure, plus juste, plus intelligente que votre ego. C'est l'aspect soumission de la voie juste et pourtant il vous faut mettre un instrument cohérent à la disposition de cette force et non un amas de pulsions, d'émotions, et d'idées contradictoires. Une intégration est nécessaire.

Et vous verrez combien un travail de ce type peut vous aider ensuite dans l'existence, non seulement pour méditer, mais pour vivre, pour affronter la relation telle que vous l'appréhendez aujourd'hui et telle qu'elle vous touche encore. Combien il peut vous aider à faire face à un rendez-vous important avec un patron ou un directeur de cabinet dont dépend une part de votre avenir. Combien il peut vous aider à vivre des situations diverses, des relations diverses, de manière plus détendue, plus libre, plus juste.

*
* *

Ce relâchement et cette sensation sont liés à une mise au repos de l'énergie. Avec chaque envie de remuer, des impulsions motrices se répandent dans une partie du corps ou dans l'autre. Or sans que vous en soyez conscients, ces impulsions motrices sont incessantes et l'impulsion contraire, inhibitrice, se produit également. Il y a là un point important, également reconnu par la physiologie et la psychologie modernes et qui constitue une donnée essentielle de cette ancienne connaissance. Tout ce qui est dynamique dans l'inconscient cherche à s'exprimer, à monter à la surface. Tout ce qui vous attire ou vous repousse à l'extérieur suscite en vous une réaction. Et une impulsion monte à l'état brut. Si un objet vous paraît beau, attirant, se lève en vous l'impulsion de vous en emparer et de le prendre. C'est d'ailleurs ce que fait un enfant ou un animal. L'éducation vous a montré que ce n'était pas possible mais sans que vous en soyez conscients, avec chaque pensée qui surgit de la profondeur, ou avec chaque réalité qui vous touche, se lève une impulsion motrice.

Prenons un exemple encore plus éloquent que celui de l'enfant qui s'empare de n'importe quel objet. Un homme dispose d'une certaine énergie et il se sent plus ou moins attiré par toutes les femmes qu'il trouve belles. S'il réagissait comme un animal, il s'approcherait d'elles et essaierait de s'unir à elles. Nous, nous avons appris que cela ne se faisait pas. Si un homme jeune attiré par les femmes prend le métro et s'il croise dix femmes attirantes, dix fois une impulsion s'élèvera pour aller vers elles et dix fois, immédiatement, l'impulsion inhibitrice se lèvera aussi. Que d'énergie utilisée stérilement et combien on est peu détendu musculairement. Ne parlons que de l'énergie motrice dans les muscles, c'est la première à laquelle vous aurez accès, le reste viendra ensuite. Comment arriver à un silence, à une mise au repos de cette énergie motrice? Stockés dans l'inconscient, résident en vous à l'état latent les dynamismes des *vasanas*, les demandes, les désirs. Ces vasanas n'acceptent pas le silence et le retour au repos de la méditation. Et pourtant, ce silence, ce calme, cette immobilité de l'esprit sont la condition essentielle pour qu'un monde nouveau et inconnu s'ouvre devant vous, celui de la profondeur, qui permet de tout trouver en soi puisque l'homme est un résumé de l'univers : la même énergie qui a explosé dans la bombe d'Hiroshima anime chacun des atomes qui composent votre corps. Quand les muscles sont complètement détendus, toutes les impulsions motrices sont au repos – à la fois les impulsions qui vous poussent à agir et les impulsions inhibitrices.

Si vous acquérez la maîtrise du relâchement, d'autant mieux contrôlé que votre sensation est plus affinée, vous pourrez, dans le courant de l'existence, dès que vous en avez l'opportunité ou que vous en sentez la nécessité, revenir à la détente et à la sensation de vous-même. Cette conscience de son propre corps est un point d'appui essentiel. Si vous pouvez opérer ce relâchement, l'énergie revient à sa source et, au lieu de se disperser, elle s'accumule. Une immense masse indifférenciée d'énergie réside en vous mais elle est gaspillée à longueur de journée comme un réservoir percé qui n'arrêterait pas de fuir. Même dans des conditions difficiles où vous vous sentez faibles, perdus, presque inexistants, si vous pouvez revenir à la sensation du corps, vous avez au moins quelque chose à quoi vous accrocher. Dans les moments de déroute intérieure, d'affolement, lorsque vous êtes emportés soit par l'attraction et la fascination, soit par la peur en face d'une situation exceptionnelle, vous pouvez revenir à cette sensation et au point d'appui physique.

Je ne cache pas que, justement, à vingt-cinq ans j'étais moi-même peu structuré, faible, inhibé. Combien de fois m'est-il arrivé de n'avoir rien d'autre à quoi faire appel pour sentir qu'un petit quelque chose prometteur pour l'avenir m'était possible. S'il n'y a rien, il n'y a rien. S'il y a un petit quelque chose, tous les espoirs nous sont permis d'aller plus loin. Combien de fois me suis-je accroché simplement à la sensation de mes jambes. Au moins je me cramponne à ça : je ne perdrai pas la sensation de ma jambe. Je suis en train de me faire traiter d'incapable par un chef de service – je ne travaillais pas encore à la télévision à cette époque – eh bien au lieu d'être complètement inexistant en face de lui, j'ai au moins cela que personne ne peut m'enlever. Et je m'attachais à cette perception, comme je me serais accroché à une branche pour ne pas être emporté par un torrent.

Chaque fois que vous en avez la possibilité, revenez à vous-même. Vous êtes dans une salle d'attente de dentiste, est-ce tellement important de lire les dernières aventures de Stéphanie de Monaco dans *Jours de France*? Au lieu, tout de suite, de céder à l'impulsion qui vous fait saisir une revue pour sortir de vous-même et de vous disperser, vous perdre dans les choses extérieures, ou au lieu de ruminer : « Il m'avait dit qu'il me prendrait à neuf heures et demie précises, il est déjà dix heures moins vingt », vous vous relâchez. Pour commencer, il est indispensable d'avoir une bonne posture mais avec l'exercice, vous pourrez vous asseoir confortablement dans une attitude qui ne paraisse pas suspecte à ceux qui vous entourent. Puis allez-y, le front, le ventre, main gauche, poignet gauche, mollet gauche, cuisse gauche. Relâchez, détendez. Dans l'autobus, dans le métro, exercez-vous. Et ensuite, vous verrez qu'il vous sera possible de retrouver ce point d'ancrage de la sensation du corps dans des conditions un peu plus délicates, en écoutant un autre par exemple. Vous écoutez et, en même temps, vous maintenez une certaine sensation de vous-même, qui va s'affiner, se préciser avec l'exercice.

D'abord soyez normaux. Ensuite vous tenterez d'être plus que normaux et de marcher vers la sagesse. Un être humain normal ne peut pas manifester une respiration anormale, des contractures anormales, des positions du corps anormales, une gesticulation anormale, l'incapacité à s'ouvrir. Vous vous entraînerez plus ou moins, autant que vous le pourrez, mais l'Occidental moyen n'est plus normal sur le plan de l'expression corporelle. Il est bloqué, il est tendu, il respire mal, il agit uniquement avec sa tête, il se crispe. Je vous demande de ne pas considérer les méditations fondées sur la conscience du corps comme un travail physique. Un quart d'hcurc dc gymnastiquc tous lcs jours fait du bien à la santé mais ce n'est pas de cela qu'il est question. Il ne s'agit pas non plus de la théorie de Reich sur les contractures durables correspondant à certaines émotions latentes : si on présente une contraction permanente entre les deux épaules, c'est la peur inconsciente d'être attaqué par-derrière, de recevoir symboliquement le fameux coup de poignard dans le dos. Je souhaite que vous compreniez une vérité dont on ne peut se passer et qui se rattache directement à ce que nous appelons enseignements traditionnels ou spirituels, quelle que soit leur origine, et j'essaie simplement de vous convaincre que cela vaut la peine de vous reprendre en main physiquement, dans une conscience de plus en plus précise de votre corps. Swâmiji m'a dit qu'il pratiquait tous les jours des postures de yoga, que c'était très bien que je les pratique moi aussi, et il insistait beaucoup sur le relâchement total, « *complete release of all tensions, physical, emotional and mental*, l'abandon complet de toutes les tensions, physiques, émotionnelles et mentales ». Cette insistance me montrait combien ces exercices de relâchement que j'avais pratiqués autrefois avec beaucoup de bonne volonté pouvaient trouver leur place dans l'adhyatma yoga. Plusieurs fois Swâmiji m'a d'ailleurs dit :

« Vous avez au moins une expérience du relâchement. » Il revenait là-dessus comme une référence, un point de compréhension entre nous. Il faut s'entraîner beaucoup, comme au pinao, comme à la danse, comme pour tout art et toute technique. Faites-le par amour pour vous. Avant même de chercher à ouvrir votre cœur, cessez d'empêcher votre être de s'ouvrir. Tout en vous s'ouvrira, tout, simplement si vous ne l'interdisez plus.

5

LE HARA ET LE CŒUR

J'ai écrit dans un de mes précédents livres : « C'est dans le hara que vous vous trouverez vous-même mais c'est dans le cœur que vous trouverez Dieu. » Cette affirmation m'a valu quelques questions. Pourquoi ai-je choisi le mot « Dieu » qui semble sortir du vocabulaire védantique habituel? Parce que nous sommes en France, pas en Inde, que vous avez grandi dans la langue française, pas le sanscrit ni le hindi, et que, quelle qu'ait été votre éducation, ce mot « Dieu » est celui qui vous a frappé d'abord, dès votre plus jeune âge, que ce soit pour en affirmer ou pour en nier l'existence. Et il arrive parfois que l'important soit bien plus de toucher le cœur ou la sensibilité que d'être parfaitement rigoureux sur le plan d'un exposé doctrinal. Mais en vérité, du point de vue de la non-dualité, il n'y a pas de différence entre se trouver soi-même ou trouver le Soi ou découvrir Dieu comme l'essence ultime de notre être.

Quel que soit le contenu que vous mettiez dans ce mot « Dieu », il a pour vous, simplement parce que vous l'avez entendu tout jeune, quand vous étiez encore neuf et sensible, plus de charge que les termes « brahman » ou « atman » découverts à l'âge de vingt ou trente ans. Avoir grandi dans une tradition ou avoir découvert une tradition comme adulte ne sera jamais pareil. Vous savez combien on est marqué par les souvenirs d'enfant, à moins d'avoir fait un long travail de liberté à cet égard. Et même un chrétien qui se convertirait au bouddhisme, au plus profond de son cœur d'enfant qui maintenant fait partie de son inconscient, demeurerait un chrétien. Pour nous, le mot « Dieu » est avant tout autre celui qui exprime le plus de valeurs transcendantes, spirituelles, métaphysiques et, c'est le cas de le dire, divines.

Il faut aussi tenir compte, pour comprendre cette parole, d'un malentendu ou d'une incompréhension qui ne vous concerne peut-être pas tous, mais qui a concerné beaucoup de chercheurs spirituels au XXe siècle, et je m'inclus parmi eux. C'est le fossé, peut-être même dans certains cas l'abîme, qui sépare l'ambition spirituelle ou métaphysique de ce que nous sommes réellement. Quelques-uns d'entre vous sont attirés par la méditation parce qu'ils sont mal dans leur peau, éprouvent une difficulté à vivre et cherchent à apporter un peu plus d'harmonie dans leur existence. Leurs motivations ne sont pas très éloignées de celles qui poussent à entreprendre une psychothérapie, disons une thérapie qui ne nie pas les valeurs spirituelles. Mais il y a également beaucoup d'Occidentaux qui ont été directement touchés par l'idée de « Réalisation », touchés par la présence et l'enseignement de Ramana Maharshi ou de Ma Anandamayi, et qui visent haut, très haut.

Ce fut d'ailleurs un étonnement dont des maîtres tibétains m'ont fait part il y a vingt ans, lorsqu'ils ont commencé à rencontrer des Occidentaux, bien avant de voyager en Europe et en Amérique comme c'est le cas aujourd'hui. Quelques-uns de ces sages m'ont dit avoir été surpris de voir comment les Occidentaux considéraient que l'enseignement ultime, *the highest teaching,* devait leur être accessible directement. Un peu comme si un Tibétain venait en France et demandait : « Je n'ai pas fait d'études, je n'ai jamais été au lycée, j'ignore tout de la médecine, mais je voudrais, docteur, que vous m'appreniez tout de suite à faire des interventions chirurgicales. » Nous voyons bien, nous Européens, ce que cette prétention aurait d'étrange et d'absurde. Ces maîtres avaient été frappés de voir que les Occidentaux voulaient tout de suite recevoir l'enseignement ésotérique suprême concernant l'Éveil, la Libération, l'État-de-Bouddha, celui que les disciples tibétains abordent après des années de formation et de préparation.

Et nous, Occidentaux, avons du mal à comprendre qu'une préparation méthodique nous est demandée, avant d'aborder l'enseignement ultime, qui nous conduit au-delà de toutes les réalités relatives. Nombreux sont ceux aussi qui ont médité des milliers d'heures, année après année, dans l'espoir de réaliser le Soi, qui parlent de cette réalisation du matin au soir – « seul le Soi est réel, le monde est irréel » – mais qui demeurent encore insérés dans toutes sortes de conflits et manifestent même de grandes faiblesses trahies par leur manque d'adaptation à l'existence, leurs peurs, leurs réactions, leur peu de maîtrise de soi.

C'est donc un point dont il faut tenir compte : vous souffrez, vous aussi, de cette vulnérabilité en face des chocs de l'existence et vous voulez être tout simplement un peu plus solides. Mais vous portez également cette nostalgie de la transcendance, et vous vous heurtez à la contradiction qui existe entre votre ambition spirituelle d'une part et votre faiblesse, parfois votre immense faiblesse, d'autre part.

Lorsque j'étais producteur de télévision, spécialisé dans les émissions sur le bouddhisme, l'hindouisme, les maîtres spirituels, je recevais, quand j'en avais le temps, des lecteurs de mes livres ou des téléspectateurs de mes émissions. A cette même époque, j'ai aussi reçu des centaines de lettres. Ces nombreuses rencontres et lettres m'ont permis de constater à mon tour que des êtres encore plus conflictuels et moins armés que moi dans l'existence parlaient tout de suite de Libération, de Sagesse, d'Éveil. Il y a là beaucoup de confusion.

Certes, vous êtes tous habilités à viser haut. Trop d'humilité n'a aucun sens sur la voie. Et vous ne vous engagez pas sur un chemin avec la conviction qu'il ne vous conduira jamais au but. Si vous avez le courage, la persévérance, l'acharnement même, vous pouvez porter en vous la plus haute espérance. L'idée que l'« éveil » est réservé à une dizaine de sages célèbres par siècle a été battue en brèche dès ma première rencontre avec les Tibétains. Il ne s'agit pas de vous intéresser à la « Sagesse » et de vous prosterner devant des maîtres dont vous reconnaissez la grandeur mais de vous engager sur le chemin de *votre* libération. Cette sagesse en question est pour vous. Ne vous contentez pas de la reconnaître et de l'admirer.

Si vous avez la détermination nécessaire, vous pouvez vous éveiller, changer de statut, de condition intérieure. Mais pas à n'importe quel prix, pas si facilement non plus. Un travail doit d'abord être accompli qui vous permettra d'être plus unifiés, plus solides, plus maîtres de vous tout en demeurant encore dans le monde de la dualité, avant d'envisager un accomplissement métaphysique ou transcendant.

Il faut bien dire, et je suis obligé de le dire une fois de plus, que nous, Occidentaux modernes, ne nous trouvons pas du tout dans la condition des Tibétains ou des yogis qui voulaient s'engager auprès d'un maître. Le monde moderne avec le type d'études que nous faisons, avec la presse et la télévision, avec les querelles politiques de la démocratie, l'ébranlement de la famille, les stress, les nuisances, ce monde moderne antispirituel est proprement destructeur de notre être. Nous sommes à une époque minutieusement prévue par des textes anciens antérieurs à Jésus-Christ (certains puranas), la fin du Kali-Yuga, l'âge de la destruction ou de la désintégration. Vous le voyez partout autour de vous : la société et la famille se désagrègent et les individus eux-mêmes ne sont plus structurés.

Les prestiges de cette société moderne, les prouesses techniques, l'abondance matérielle, les exploits en tous genres – communiquer à distance par le téléphone, franchir dix mille kilomètres en quelques heures avec un Boeing, envoyer des hommes sur la Lune – tout ceci nous aveugle à notre pauvreté spirituelle. Et j'affirme que les peuples sous-développés nous étaient, à bien des égards, supérieurs. Durant mes années de voyages, j'ai abondamment connu professionnellement la veulerie, la corruption et l'inefficacité de l'Asie dans certains domaines. Mais je sais aussi combien ces peuples étaient, dans leur pauvreté, favorisés par rapport à nous sur le plan de l'être. Je pense notamment aux musulmans dans la mesure où les sociétés musulmanes étaient encore non politisées (par exemple l'Afghanistan très à l'écart de la politique internationale jusqu'à l'occupation par les troupes russes), au monde de l'Himalaya (Sikkim, Bhoutan), aux réfugiés tibétains ou aux hindous appartenant à certaines couches sociales encore protégées.

Vous comme moi, nous avons grandi dans une société qui, sur le plan de l'avoir, est unique dans l'histoire de l'humanité mais qui, sur le plan de la décadence de l'être, est unique aussi. Nous sommes allés déjà beaucoup plus loin dans la décadence que les Romains ne l'ont été à l'époque où leur fameuse devise « *panem et circences* » (« du pain et des jeux du cirque ») paraissait les éloigner vraiment de toute spiritualité. C'est donc devenu un fait courant que des hommes et des femmes à la fois rêvent de samadhi, de satori, d'états supérieurs de conscience, et soient pourtant très défavorisés sur le plan de l'être.

Le premier enseignement avec lequel j'ai été en contact et que je n'ai jamais renié, l'enseignement Gurdjieff, était éloquent à cet égard. On nous rapportait les paroles de Gurdjieff : « L'homme doit d'abord découvrir sa totale nullité, sa complète " merdité ". » Il est difficile pour un Français moderne de prendre vraiment conscience de sa complète nullité. Nous avons trop de raisons universitaires, professionnelles (chacun trouvera les siennes) de considérer que nous ne sommes pas aussi nuls que Gurdjieff osait l'affirmer. Même si ces paroles vous semblent abusives – alors que mon expérience pendant des années m'a confirmé combien elles me concernaient – soyez conscients du divorce entre cette faiblesse de l'être, même si vous êtes bourrés de diplômes ou si vous gagnez énormément d'argent, et la hauteur des ambitions spirituelles.

Une ascèse de structuration est indispensable au commencement de la voie. Avant de dépasser l'ego, il faut d'abord un ego en bonne santé. Une chenille malade ne se transforme pas en papillon et seule une chenille saine peut se métamorphoser. Un premier travail doit être accompli qui, par lui-même, ne vous conduira pas au-delà de l'ego, mais qui vous donnera cohésion et stabilité.

En 1963, après avoir rêvé de découvrir un véritable yogi – pas un professeur de yoga, même éminent, mais un yogi de la grande tradition qui se consacre à la réalité suprême – j'avais fini par en rencontrer un qui parlait anglais, comme beaucoup d'hindous ayant appris cette langue dans leur jeunesse. C'était un pur ascète, retiré loin des villes, qui n'avait pas d'élèves mais tout au plus quelques disciples entièrement engagés auprès de lui et acceptant la rigueur intégrale de ce qu'on appelle en yoga *yama* et *nyama.* Au bout d'un moment d'entretien, ce yogi me dit : « *What you need is to build an inner structure* », « ce dont vous avez besoin, c'est de bâtir une structure intérieure. » Je me souviens de la grimace que j'ai faite : depuis quatorze ans je pratique des exercices de méditation, de concentration, de présence à soi-même dans les groupes Gurdjieff, j'ai déjà écrit le livre « Ashrams », j'ai passé bien des mois auprès de Ma Anandamayi, et tout ce qu'il me dit, c'est : « *What you need is to build an inner structure.* » Je m'étais senti comme un bachelier qui, espérant entrer en faculté, s'entendrait déclarer : « Ce dont vous avez besoin, c'est d'apprendre à lire et à écrire. » Eh oui! Maintenant je comprends combien c'était vrai. Combien de temps a-t-il fallu encore après cette parole pour commencer à construire vraiment une structure intérieure digne de ce nom!

***

Pour l'instant, revenons à cette affirmation : « C'est dans le hara que vous vous trouverez vous-même et c'est dans le cœur que vous trouverez Dieu. » Qu'est-ce que cette distinction entre se trouver soi-même et trouver Dieu? Le centre essentiel de l'être humain est-il situé dans le hara comme paraît l'enseigner Graf von Dürckheim, interprète de la tradition japonaise, ou dans le cœur comme l'affirme Ramana Maharshi? Et que signifie cette division dans un enseignement qui se réclame de la non-dualité védantique, entre se trouver soi-même et découvrir le Soi?

Effectivement, avant de trouver Dieu, il faut d'abord, d'une certaine manière, vous trouver vous-même. Je vous demande de m'écouter en admettant qu'il puisse y avoir d'autres manières de s'exprimer qui, tout en étant différentes, ne sont pas incompatibles avec celles que je vais utiliser aujourd'hui. Si vous êtes trop vulnérables, trop faibles, oscillant de l'espérance au découragement, facilement émus, arrachés à vous-même, vous ne pouvez pas directement accéder à la réalité supérieure. Mon propre gourou, Swâmi Prajnanpad, disait aussi : « *You cannot jump from abnormal to supranormal* », « vous ne pouvez pas bondir de l'anormal au supranormal. » Ce que Swâmiji appelait « anormal » ne relevait pas d'une psychose grave. C'est ce que nous appellerions peut-être ici une névrose légère. Anormal correspond à un fonctionnement du mental auquel malheureusement vous êtes, vous hommes et femmes modernes, à peu près tous soumis. Puisque je reconnais devant vous que ce fut vrai pour moi, vous pouvez m'entendre sans être blessés et sans avoir l'impression que je vous insulte en disant cela.

Vous ne pouvez pas bondir directement de l'anormal au supranormal, et c'est une erreur qui n'est que trop répandue si nous tenons compte des milliers d'hommes et de femmes qui recherchent la spiritualité, notamment ceux que j'ai bien connus à l'époque où je sillonnais l'Inde et où je rencontrais beaucoup d'Occidentaux dans tel ou tel ashram.

Il est faux de croire qu'un être humain bourré de « problèmes », sans structure intérieure, puisse atteindre les états supérieurs de conscience et surtout s'établir en son centre, au niveau ultime de la liberté. J'ose même dire que la recherche menée directement sur le cœur, en considérant que notre centre de gravité se trouve quelque part dans la poitrine, ne donne pas les résultats escomptés, au moins en ce qui concerne les Européens – je ne sais pas combien d'hindous ont atteint la libération pour avoir rencontré Ramana Maharshi – parce qu'ils essayent d'aborder directement cette étape ultime. Ce qui a été tout à fait aisé pour le Maharshi s'avère très difficile pour nous.

Swâmiji tenait un autre langage. Parlant de ses « apprentis-disciples », puisqu'il ne nous concédait même pas le titre de disciple, il disait : « Swâmiji vous voit si malheureux, si misérables, si infirmes, que dans sa compassion Swâmiji fera quelque chose pour vous. » Ce n'était pas tellement flatteur et rabaissait certaines prétentions à devenir tout de suite un grand disciple et à accéder directement aux enseignements supérieurs du yoga ésotérique! Et maintenant que je ne suis plus aveuglé par mes frustrations, mes peurs, mes désirs personnels, je vois comme Swâmiji cette misère des Occidentaux, aussi pitoyable, digne de pitié, que la misère matérielle régnant dans les bidonvilles de Bombay, Delhi ou Calcutta.

Pour l'Européen qui, après onze heures de vol et gardant comme dernier souvenir de France l'aéroport d'Orly ou de Roissy, débarque à Bombay et regarde par la fenêtre du taxi, dans le simple trajet de l'aéroport de Santa-Cruz à la ville, ces hommes croupissant dans des cabanes à lapins ont quelque chose en effet d'insupportable. Mais la misère morale et spirituelle des Occidentaux, si on la voit avec des yeux ouverts, est aussi tragique. Qu'est-ce que ce monde dans lequel les gens sont tellement malheureux et faibles ou bien à ce point violents et agressifs? Des êtres vraiment bien dans leur peau, il en existe, j'en ai rencontré, mais ils sont rares.

Quand on commence à recevoir les confidences de son prochain, qu'on gratte un peu la surface, qu'on arrache les masques comme disait Swâmiji, et ces masques ne sont pas difficiles à arracher, on voit les plaies morales et psychologiques béantes et une vulnérabilité qui n'est pourtant pas inhérente, intrinsèque à l'être humain en lui-même. J'admets qu'il y a des exceptions mais vous admettrez que ces exceptions restent exceptionnelles. L'être humain en soi n'a pas toujours été aussi blessé que l'homme ou la femme moderne. Mesurez-vous par exemple ce que représente la consommation des tranquillisants dans les pays occidentaux? Les statistiques médicales dépassent de très loin ce que j'aurais osé imaginer et pourtant je suis plutôt bien placé pour soupçonner cette ampleur. Et croyez-vous que la vogue des thérapies, ce besoin d'exprimer ses émotions, a toujours existé?

A tous les niveaux de la société, les Tibétains ou les Afghans étaient en général des gens solides. Les uns et les autres l'ont bien prouvé. Ce qui était l'exception dans ces mondes traditionnels est devenu la règle ici et inversement. Par conséquent, sur la voie, il y a un travail préparatoire à effectuer pour devenir d'abord normal et je dirais même comme Freud, pour bien fonctionner dans la vie amoureuse et dans la vie professionnelle, y compris la grande profession de mère de famille. Il faut commencer par là. Mais, et ce mais est l'essentiel de ce que j'ai à dire, il faut s'engager dès le départ dans une direction qui ne conduise pas à une impasse par rapport au grand but, au but ultime.

Ne tombez pas dans le piège d'une pratique qui vous donnera plus de consistance, une certaine maîtrise de vous, une moindre dépendance par rapport aux stress de la vie moderne, mais qui est spirituellement une impasse. Vous arrivez à un peu plus de solidité mais la progression s'arrête là. Et si vous vouliez vraiment aller plus loin, il faudrait avoir le courage de détruire cette structure que vous aurez peu à peu élaborée, pour vous retrouver désarmé, nu, et reconstruire sur des bases justes.

Il y a deux chemins qui permettent à un être désemparé et vulnérable de devenir plus fort, plus solide, moins émotif. Ne vous engagez pas sur celui qui vous conduira à une plus grande affirmation dans l'existence mais vous interdit de dépasser ce stade et de transcender l'ego, même un ego structuré. Il existe un autre chemin, préparatoire, qui vous conduira aussi à une certaine force de caractère mais qui, tout naturellement, se poursuit et vous permet ensuite de dépasser le sens du moi séparé et limité. Je vais en dire un peu plus sur ce thème.

*
* *

Vous avez tous probablement entendu parler de différents foyers ou centres dans l'organisme qu'on appelle *chakras* en Inde, *latifa* (plur. : *lataïf*) chez les soufis, bien que ce ne soit pas les mêmes. L'organisme, quand j'emploie ce mot, implique à la fois le corps subtil et le corps physique. Même ceux qui n'en ont pas une expérience directe ont sans doute déjà lu une description de ces différents chakras, depuis le chakra « racine » de base jusqu'au chakra « aux mille pétales » situé au sommet du crâne. Mais je ne parle pas ici de yoga technique proprement dit, comme le kundalini-yoga ou le véritable hatha-yoga, et je me situe dans la ligne d'un enseignement qui se rattache au védanta.

Si nous prenons un peu conscience que nous sommes, si nous sentons un peu ce que représentent ces mots : « Je suis », avant de découvrir la conscience libre du corps, nous commençons d'abord par prendre conscience de nous comme unis à un corps physique. Et ce corps physique comprend, en effet, un certain nombre de localisations. Même sans avoir lu d'ouvrages sur le yoga, nous faisons bien une différence de valeur entre nos doigts de pieds par exemple et ce qui se passe à l'intérieur de notre tronc, au creux de l'estomac ou dans la poitrine. Nous comprenons bien qu'il est difficile de nous amputer de notre thorax ou de nous amputer de notre colonne vertébrale tout en nous maintenant vivants alors que nous pouvons perdre un bras ou une jambe sans que spirituellement nous soyons affectés le moins du monde. Vous savez instinctivement qu'il existe une hiérarchie de valeurs et que si vous concentrez votre attention dans vos doigts de pieds ou dans votre main gauche, ce n'est pas la même chose que si vous la concentrez dans le ventre, la colonne vertébrale, la gorge ou la tête.

Généralement, pour l'homme ordinaire, même pour celui qui a pratiqué beaucoup d'asanas et de pranayama, ces chakras du yoga, loin d'être ouverts, déployés et de se révéler comme des foyers de rayonnement de l'énergie, sont au contraire des lieux de blocages où se manifestent physiquement les problèmes non résolus et les émotions. C'est ainsi que lorsque vous recevez un choc et que vous vous sentez affectés, vous avez la gorge serrée, l'impression d'un étau dans la poitrine (ce qui est d'ailleurs le sens étymologique du mot angoisse) ou même un besoin intense d'aller d'urgence aux toilettes pour uriner ou déféquer. Ces merveilleux chakras du yoga (à en croire la littérature yogique), nous en avons surtout l'expérience, nous, en tant que sièges privilégiés de nos émotions, de nos troubles et de notre vulnérabilité. Et quel pouvoir avez-vous sur cette totalité que représente votre être psychosomatique ou physicomental?

Si nous simplifions l'approche d'une connaissance concrète de nous-mêmes, nous voyons qu'il existe en fait trois niveaux de fonctionnement. D'abord, la tête, la pensée. Tout le monde peut en faire l'expérience même s'il n'a pas étudié la physiologie du cerveau. Nous constatons que la pensée se situe bien dans le crâne. Si nous pensons trop, nous fronçons les sourcils, la tête est contractée. Nous percevons aussi que les émotions se situent dans le cœur ou dans le thorax ainsi que les sentiments les plus purs. Et nous sentons enfin qu'il y a en nous une certaine vie physique que nous partageons avec tous les animaux, pas seulement les vertébrés et les mammifères supérieurs, que nous partageons même avec les plantes qui vivent, croissent et meurent, une vitalité qui n'est ni émotionnelle ni intellectuelle et dont le centre n'est ni dans la tête ni dans le cœur.

Et justement, il existe en nous un centre de gravité bien méconnu dans le monde moderne, le célèbre hara du zen et des arts martiaux. C'est le mérite du comte Karlfried von Dürckheim d'avoir révélé l'importance de ce hara au grand public européen et pas seulement à ceux qui ont pratiqué le zazen dans les monastères japonais. Il existe, au-dessous de la ceinture, dans le bas-ventre – car ce centre ne correspond pas à l'ombilic – un centre vital dont l'importance est fondamentale.

Il s'agit de thèmes sur lesquels j'ai été amené à beaucoup réfléchir. J'avais tout à apprendre et, par nature, j'étais inlassablement curieux, voulant toujours en savoir plus, faire des rencontres, poser des questions, lire des livres. J'ai été amené à séjourner dans des monastères zen au Japon, des monastères tibétains dans l'Himalaya, des ashrams hindous, des communautés soufies en Afghanistan, ce qui m'obligeait sans cesse à des mises au point et à des clarifications pour ne pas être perdu au milieu d'enseignements dont je voyais d'abord les divergences plus que les convergences.

Quand j'ai lu les premiers livres du comte Dürckheim, avant 1959, donc avant de me rendre en Inde pour la première fois, j'étudiais encore dans l'enseignement Gurdjieff et j'avais déjà lu Ramana Maharshi en anglais. J'ai d'abord été très troublé. Ramana Maharshi a insisté toute sa vie sur le fait que le centre fondamental de l'être humain, le « cœur », se trouve dans la poitrine, du côté droit. Il s'agit du point où nous nous frappons la poitrine pour nous désigner nous-mêmes. Personne n'a jamais dit : « Qui, moi? » en désignant son ventre. Nous disons : « moi » avec ce geste instinctif, consistant à toucher des doigts la moitié droite du thorax, que j'ai observé avec grand intérêt après avoir lu le Maharshi, même chez des enfants qui commencent très vite à se désigner eux-mêmes de cette manière.

Je ne sais qui avait fait remarquer à Ramana Maharshi que dans l'Ancien Testament (Livre des Proverbes), il est écrit : « Les insensés ont le cœur à gauche et les sages ont le cœur à droite. » Le Maharshi a abondamment cité ce passage pendant ses cinquante ans de règne spirituel, précisant que le cœur physique, le muscle cardiaque, ne se confondait pas avec ce qu'on appelle en sanscrit *hridaya*, qui est pourtant le même mot. Et dans la plupart des langues du monde, on utilise le mot cœur dans un grand nombre d'acceptions, y compris la plus haute. Ainsi avons-nous élaboré, nous Occidentaux, tardivement d'ailleurs, une théologie du Sacré-Cœur de Jésus. Et nous connaissons la « prière du cœur » de l'hésychasme.

Donc le Maharshi nous enseigne que le centre spirituel de l'homme est situé dans le cœur, que l'important est la résorption dans le cœur. Et les disciples du Maharshi, ceux qui ont vécu dix – ou trente – ans à Tiruvanamalaï du vivant de celui-ci et qui, quand je les ai connus, continuaient tous les jours à méditer, à pratiquer la « *self-inquiry* », la recherche du Soi, dans le hall où vivait Bhagawan, se concentrent dans ce lieu à droite dans la poitrine avec la conviction qu'ils pourront ainsi découvrir la source ultime de la Conscience d'où naissent ensuite toutes les pensées, y compris la pensée fondamentale : « moi ».

Les Upanishads témoignent également que si nous dépassons la conscience de l'ego, la conscience soumise à la limitation, c'est par le cœur que nous accédons à la conscience infinie, la conscience du brahman. L'expression « la caverne du cœur » *(hridaya guhâ)* revient dans plusieurs versets. Et voilà que le livre « Hara » du comte Dürckheim, que vous trouvez si intéressant, paraît affirmer que le centre de gravité de l'homme se trouve dans le bas-ventre. Ne seriez-vous pas déroutés si vous voyiez coup sur coup sur une route deux poteaux indiquant la même ville dans deux directions différentes?

Personnellement, après avoir pratiqué la descente intérieure dans ce hara, je me suis rendu en Inde, j'ai séjourné à Tiruvanamalaï où la force du message du Maharshi m'a subjugué et j'ai abandonné pendant quelque temps toute concentration dans le bassin. Ensuite, j'ai constaté que mes progrès s'avéraient insatisfaisants, que je demeurais bien faible et vulnérable, et je me suis réintéressé à toute l'œuvre de Graf Dürckheim. Je l'ai même rencontré personnellement et j'ai établi avec lui certains liens d'amitié, si j'ose employer ce terme en ce qui concerne un homme que j'ai toujours considéré comme supérieur à moi ne serait-ce que par l'âge et l'ancienneté sur le chemin.

***

Pour bâtir cette structure intérieure, vous trouverez profit à accepter de vous ressentir d'abord comme un ego – moi par rapport au non-moi – et à ne pas chercher d'emblée, même si la fibre métaphysique est vibrante en vous, ce qui transcende l'ego. Pour accéder à l'infini, partez du début. Et il est indispensable que vous acquériez une certaine force, un certain ancrage en vous-mêmes. Le point d'appui du corps est nécessaire même si cette conscience du corps doit un jour être transcendée. Ces prémisses dépendent de votre état d'esprit. Si vous êtes ouverts à l'idée même du dépassement de l'ego par l'effacement de l'affirmation individuelle, votre approche de la phase préparatoire du chemin ne sera pas la même que si vous n'avez rien entrevu de l'impersonnel et si c'est votre égocentrisme qui mène le jeu.

La concentration dans le hara peut vous permettre de gagner une force précieuse pour la vie ordinaire, sans que ce soit un empêchement à dépasser ensuite l'ego. Elle vous donnera un moi structuré mais pas si affirmé que vous en soyez prisonniers à tout jamais. Il faut commencer par apprendre à lire pour faire des études supérieures et il faut commencer par le commencement sur le chemin spirituel.

Pouvez-vous prendre appui sur votre tête et sur vos pensées? Non. Quand on est tant soit peu ému, on ne contrôle plus ses pensées. L'émotion vous impose certaines chaînes de pensées. Et si vous essayez de faire silence pour méditer, vous voyez immédiatement que toutes sortes d'associations d'idées vous harcèlent. Votre pouvoir sur vos pensées devient pratiquement inexistant dès qu'il s'agit de l'exercer. Oh! quand tout va bien, que vous êtes calmes, vous pouvez à peu près diriger vos pensées. Mais quand vous êtes affectés – et pendant des années vous le serez encore – vous ne pouvez même plus vous concentrer sur la lettre que vous tentez d'écrire ou le livre que vous essayez de lire. Vos pensées vous emportent dans le sens de l'émotion du moment.

Certains soirs, on ne peut pas s'endormir parce que des pensées tournent et tournent encore dans notre tête, soit des pensées très enthousiasmantes ou excitantes, si nous prévoyons pour le lendemain un rendez-vous professionnel décisif ou un rendez-vous d'amour longtemps attendu, soit des pensées douloureuses, pénibles dont nous nous passerions volontiers.

Dans les deux cas, ces pensées ont pouvoir sur vous. Les pensées, vous en avez tous l'expérience, se succèdent d'elles-mêmes sans que vous y puissiez grand-chose. Plus tard, plus tard seulement, vous aurez le pouvoir d'arrêter les pensées comme vous pouvez arrêter un magnétophone en pressant un simple bouton. Mais ce sera le fruit d'une longue ascèse bien menée.

Quelle confiance pouvez-vous faire à votre cœur alors qu'il suffit d'une mauvaise nouvelle, d'une parole blessante, d'une situation qui vous déroute, pour que celui-ci vous trahisse, c'est-à-dire que vous ressentiez une émotion? Dans cette instabilité, cette dépendance à l'égard des chocs extérieurs, donc cette vulnérabilité et cette faiblesse, sur quoi pouvez-vous un peu compter?

Sur votre corps physique, même si ce corps change et ne cesse pas de changer : le vieillissement est progressif et inexorable. Même si notre corps physique n'a pas non plus de fixité, pour les besoins de la sadhana il change moins que les émotions si instables et se remplaçant les unes les autres, ou que les pensées également fluctuantes et se succédant sans répit. Notre corps « grossier » a une permanence au moins apparente que n'ont pas notre vie émotionnelle ou notre agitation mentale. Même si vous êtes imprégnés d'idées sur la Conscience libre du corps physique, la non-identification au corps physique, l'affirmation védantique fondamentale « je ne suis pas le corps mortel, je suis l'atman », vous avez intérêt à vous appuyer sur ce corps physique pour progresser dans la méditation comme dans le courant de l'existence.

Bien sûr, si nous sommes le corps physique, nous mourons quand meurt le corps physique et tout enseignement spirituel se trouve remis en cause. Bien sûr, l'enseignement ultime, c'est la découverte de la Conscience pure par rapport à laquelle l'existence ou la non-existence du corps physique s'avère relative. Mais vous ne pouvez pas bondir de l'anormal au supranormal. Il faut d'abord être harmonieusement normal. Et normal, cela veut dire peu dépendant. Certes, vous distinguerez encore ce qui vous rend heureux et ce qui vous rend malheureux, ce que vous voulez et ce que vous craignez, mais dans des limites réduites, sans cette fragilité et cette vulnérabilité de plus en plus répandues même chez des êtres qui font bonne figure dans le monde. Et n'enviez pas non plus ceux dont la force est réelle, qui peuvent encaisser des coups très durs, mais n'ont pas la possibilité de progresser plus loin spirituellement. Je ne peux pas considérer que le sommet des possibilités humaines soit manifesté par exemple en la personne du général de Gaulle. Ceux qui ont bien connu de Gaulle (ce qui n'est pas mon cas, mais j'en ai approché) témoignent que la force de caractère, le courage, la fermeté de cet homme dans les conditions les plus difficiles, étaient stupéfiants. Mais Ramana Maharshi est un type d'homme qui me fait plus envie que le général de Gaulle. Le but n'est pas uniquement d'atteindre cette structure, cette force, cette absence totale de peur qui paraissent être la prérogative de certains héros plus ou moins célèbres. Les héros ne sont pas des sages.

Mais de là à justifier l'impuissance au nom du dépassement de l'ego, il y a une différence. Et c'est un mensonge pur et simple qui n'est que trop répandu : excuser son indigence à partir de quelques sentences métaphysiques ou quelques paroles évangéliques. On a d'ailleurs reproché au christianisme d'être, paraît-il, une religion de faiblesse, pour les doux, les humbles, ceux qui tendent la joue gauche quand on les a frappés sur la joue droite. Il est vain de s'appuyer sur des arguments védantiques et de n'avoir que l'effacement de l'ego à la bouche, alors qu'il n'y a même pas d'ego cohérent à effacer, seulement une foule anarchique de désirs et de peurs contradictoires.

Donc il vous faut un point d'appui pour être moins emportés et ce point d'appui, vous pouvez le trouver dans le corps, le corps physique et pas au niveau intellectuel, qui a pris beaucoup trop d'importance dans le monde d'aujourd'hui, ni au niveau du cœur où les sentiments profonds sont recouverts par des émotions incohérentes et infantiles.

Vous pouvez, nous l'avons vu, vous exercer à une conscience globale du corps et essayer de prendre appui sur une perception totale de votre présence physique. Nous pratiquions beaucoup cet affinement de la sensation dans les groupes Gurdjieff : le visage, les épaules, le dos, les jambes, pour ensuite essayer de retrouver dans le courant de l'existence cette sensation comme une manière de s'ancrer permettant d'être moins emporté par les émotions et les pensées. Cependant, l'expérience a montré qu'il était plus aisé de concentrer son attention sur une partie du corps seulement et le lieu préférentiel de cette concentration, c'est le hara des Japonais. Il existe des exercices divers qui peuvent être poussés très loin mais l'important c'est d'en admettre au moins le principe. Je vous renvoie aux livres célèbres de Karlfried von Dürckheim sur ce thème.

Lors de l'expiration, vous éjectez l'air vicié, le gaz carbonique inutilisable. En même temps que vous êtes conscients de ce rejet, vous pouvez sentir que se répand en vous une certaine énergie que vous avez absorbée lors de l'inspiration, énergie appelée *ki* au Japon et *prana* en Inde. Et il est possible, lors de l'expiration, de concentrer son attention dans le bas-ventre et de sentir que cette énergie, par des canaux autres que ceux que nous découvrons sous le scalpel de la dissection, s'emmagasine dans ce bas-ventre.

Ce hara ou *kikaï tanden* est une part de nous essentielle, gravement méconnue des Occidentaux modernes. Il semble aujourd'hui que ce qui a de l'importance, c'est le cerveau nous permettant de passer ces examens qu'on demande maintenant pour un oui ou pour un non, même pour être purement un « manuel », quitte à savoir toutes sortes de choses bien inutiles. Ce cerveau que vous n'exercez que trop en lisant les journaux, les revues, les magazines, en participant à des conversations, à des discussions, laissez-le un peu de côté. Même ce cœur sur lequel vous pouvez si peu compter, pour l'instant laissez-le un moment de côté. Et acceptez de donner une grande valeur à ce hara. C'est certainement un choc culturel d'accepter que les entrailles et tout ce qui est « au-dessous de la ceinture » acquièrent pour nous une grande noblesse. Il faut bien dire que, dans une population suralimentée, le ventre prend des proportions volumineuses qui n'ont rien à voir avec le hara! Dépassez ces réticences culturelles et ouvrez-vous à une idée qui a été la nôtre aussi en Occident : « Avoir du cœur au ventre ».

Dans les dernières éditions du livre « Hara » se trouve un certain nombre de photographies de sculptures et de peintures, y compris occidentales, qui donnent manifestement la prééminence au ventre. Certaines sculptures romanes et gothiques, y compris des représentations du Christ lui-même, paraissent centrées sur l'abdomen. En histoire de l'art on utilise même couramment l'expression « ventre gothique ».

Cette proéminence et prééminence du hara n'a rien à voir avec l'obésité du gagnant des concours consistant à boire le plus de demis de bière ou à avaler le maximum de saucisses en un quart d'heure! Ne confondons pas la lourdeur d'un ventre, foyer de passivité « tamasique », avec la vie intense du ventre de celui qui s'est exercé à la pratique du hara.

Même sans avoir médité pendant des années dans un monastère zen, mais avec un peu d'exercice, vous pouvez, vous aussi, développer cette force. Il est seulement nécessaire de pratiquer ces exercices avec prudence, justement parce qu'ils sont efficaces. Si notre dernière lubie c'est le hara et si, dès que nous avons un instant, nous nous concentrons dans le ventre, nous risquons, comme chaque fois qu'on fait quelque chose avec excès, de créer certaines perturbations. Cela m'est d'ailleurs arrivé au Japon, où je mettais les bouchées doubles et où j'ai dû tempérer mon enthousiasme pour revenir à une pratique plus sobre.

Ce qui s'accomplit dans ce centre de gravité du ventre, que nous connaissons si peu en Europe, est tout à fait curieux et inattendu. Par exemple on peut acquérir une tonicité de la paroi abdominale sans avoir pratiqué beaucoup la musculation des « abdos ». Certes, celui qui, couché sur le dos, lève les deux jambes tendues avec des semelles de plomb aux pieds, arrivera à développer la musculature du ventre. Mais sans faire ce genre d'exercices de pure musculation, nous pouvons, par cette concentration de l'énergie dans le hara, acquérir une grande fermeté de l'abdomen. Je pourrais, bien que je ne sois en rien un spécialiste des arts martiaux, apporter mon propre témoignage sur cette possibilité.

D'autre part, il y a moyen, même pour un débutant, de ressentir une accumulation d'énergie. Or, ce qui est souvent douloureux pour tel ou telle d'entre vous, c'est de vous sentir si faible et démuni que vous n'existez plus, comme une plume sur laquelle la vie n'a qu'à souffler pour la balayer. Vous pouvez assez vite sentir cette force en vous. Il suffit de respirer normalement et, à l'expiration, de tourner toute l'attention vers le bas-ventre en vous représentant qu'une énergie qui a pénétré en vous à l'inspiration, se répand maintenant dans l'organisme et se concentre dans le ventre. Ce n'est pas l'énergie la plus raffinée avec laquelle nous puissions fonctionner et il y a des énergies plus subtiles, mais cette pratique est quand même la base de l'édifice.

Je possède une photo de Swâmi Prajnanpad où l'on ne voit, si j'ose dire, que son ventre. On dirait une sculpture gothique. Il est droit, debout, toute l'attention de celui qui regarde la photo est captée par son ventre. Même pour ceux qui n'insistent pas sur le hara comme le font les Japonais et les yogis tibétains, l'ascèse développe celui-ci.

Si vous vous exercez plus avant, vous pouvez quelque peu pousser sur la paroi abdominale basse, comme lorsqu'on s'est accroupi dans les champs pour se soulager surtout si l'on est constipé. Personne n'a jamais « poussé » à l'inspiration. Essayez de pousser pour éliminer les excréments en inspirant, c'est impossible. Vous ne pouvez pousser qu'en expirant. Vous poussez donc, mais plutôt vers l'avant, ce qui amène une légère proéminence du bas-ventre et un durcissement de la paroi abdominale.

Il existe donc un point à trouver en vous, qui se situe à peu près à mi-chemin entre le haut du pubis et le nombril. Si vous trouvez ce centre (c'est assez aisé, il n'y a pas à tâtonner pendant des jours et des jours), en expirant vous concentrez l'énergie dans le ventre, c'est la première étape; au bout de quelque temps, lorsque vous y arrivez facilement, vous poussez un peu à l'expiration. Et ce centre de gravité avec lequel vous serez familiarisés, dont vous aurez aisément la sensation, deviendra votre meilleur ami, un point d'appui qui ne vous trahira pas.

Dans ce centre vital, il n'y a pas de pensées inutiles, il n'y a pas ce fatras de l'intellect et du mental coupés de la vie; il n'y a pas non plus ces émotions infantiles par lesquelles vous vous laissez si vite emporter. Vous y trouverez au contraire une puissance stable qui vous dépasse tout en étant vôtre et qui se révèle facilement canalisable pour ne pas cristalliser l'ego sur lui-même. Elle ne vous conduira pas dans l'impasse d'une force de caractère et d'une résistance aux chocs qui soient en même temps une prison. L'avenir reste disponible.

***

Bien sûr, Ramana Maharshi n'a jamais, même pas une fois à ma connaissance, parlé du hara. Et si l'on regarde les photos du Maharshi, on n'est certes pas frappé par la puissance de son hara, comme on l'est par celle des sculptures gothiques ou celle des maîtres zen ou tibétains. Mais qui d'entre nous peut prétendre à l'illumination du Maharshi qui lui est advenue à l'âge de 17 ans et en quelques minutes?

Quand je dis « C'est dans le hara que vous vous trouverez vous-même », il s'agit en effet de vous-même, vous-même Richard, vous-même Arnaud. La dualité n'est pas encore dépassée. Mais au moins ce qui empêche le dépassement de l'ego n'est pas renforcé. Le hara n'éprouve pas de complexe d'infériorité, le hara ne compare pas, le hara ne juge pas, le hara ne pense pas.

Vous savez que la destruction du mental se traduit par la capitulation de la *pensée* ou des pensées devant la *vision*. Le centre de gravité dans le bas-ventre est indemne de toutes les maladies de la pensée et du cœur. La destruction du mental ne concerne pas le hara. La purification de l'inconscient non plus. Même si vous êtes névrosés, votre hara est intact. Il suffit d'une pratique consciente pour retrouver cette pureté originelle. Bien sûr, les émotions ont une certaine répercussion sur le ventre, notamment l'attitude de protection qui consiste à rentrer celui-ci. Mais si vous êtes décidés à dépasser cette habitude, vous y arriverez. Vous serez conscients que dans la peur, par exemple, le ventre se contracte et se rétracte, alors qu'il s'agit au contraire d'abord de le relâcher, ensuite de l'affirmer, surtout pas de le rentrer. Ce n'est pas irréalisable. Même un individu infantile, plein de peurs, fragile, à qui les critiques font mal et que les méchancetés atteignent à tous les coups, peut ressentir assez vite un bénéfice appréciable en pratiquant cette discipline de l'expiration dans le hara.

« Moi-même », c'est encore l'ego. Mais enfin, moi furieux ou moi transporté de bonheur, ce n'est pas moi; moi au comble du désespoir ou moi au comble de l'enthousiasme, ce n'est pas moi non plus, au vrai sens du mot moi, un moi stable, permanent, déjà comparable à ce que l'Inde appelle le fil qui traverse toutes les perles du collier. C'est à ce « je suis » toujours identique à lui-même que vous pouvez inlassablement revenir.

La pensée se tait quand vous vous concentrez dans le ventre. L'émotion elle-même, si elle n'est pas trop forte, fait silence assez vite. Vous découvrez cette force à laquelle vous aspirez tous et que vous recherchez n'importe où, partout où vous pouvez vous raccrocher à quelque chose. L'un se regarde dans la glace et se trouve encore « pas mal... », un autre tire sa force du nombre de chevaux de sa voiture, de l'importance de son compte en banque, de l'accumulation de ses décorations, de ses succès auprès du sexe opposé, de ses titres universitaires, un autre encore de ses responsabilités de directeur, alors que la force sur laquelle vous pouvez vraiment compter, vous la trouvez en vous, dans ce ventre si décrié par notre spiritualité mal comprise et qui pourtant se trouve si manifestement représentée dans les peintures et sculptures chrétiennes anciennes.

Dans le hara, je me retrouve vraiment moi – pas moi gai, pas moi triste, pas moi brisé par un chagrin d'amour ou une mauvaise nouvelle. C'est étonnant à entendre mais notre basventre est notre meilleur ami. Et comme il réside en nous, nous l'emmenons partout où nous allons, et il demeure ce à quoi nous pouvons vraiment faire confiance.

L'attitude qui consiste à rentrer le ventre et à bomber le torse est fausse, anti-naturelle et nuisible car elle situe le centre de gravité de notre présence dans le haut de notre structure, ce qui est l'opposé de toute stabilité. Certes, nous pouvons découvrir aussi en nous une énergie fine que l'on sent même monter le long de la colonne vertébrale et qui donc s'élève comme la flamme d'un feu ou la fumée d'un bâton d'encens. Mais d'autres courants d'énergie doivent se diriger naturellement vers le bas. Tous les enseignements ésotériques décrivent l'homme vertical qui unit en lui le Ciel et la Terre.

Avec une certaine pratique, vous pourrez découvrir en vous deux courants d'énergie. Une énergie qu'on peut appeler, au sens hindou du terme, grossière, non raffinée, et pourtant bien précieuse. Cette énergie descend, ce qui produit un dégagement de la tête – et nous avons, comme on dit, la tête légère – ainsi qu'un dégagement du haut du corps – et nous avons le cœur léger.

Et pourtant, vous sentez bien que, tout en appréciant une tête et un cœur légers, il est nécessaire aussi d'avoir un certain poids, une certaine densité. Quand on dit de quelqu'un : « il ne pèse pas lourd », ce n'est certes pas un compliment. Alors par où pouvez-vous peser lourd avec la tête légère et un cœur léger? Si normal, si naturel : par la base. Cette fondation correspond au triangle formé par nos jambes, quelle que soit la posture de méditation que nous adoptions, et la part de nous qui se situe au-dessous de la ceinture. Si cette partie-là est lourde, notre centre de gravité est à sa place et nous avons par conséquent une solidité. Nous ne sommes pas instables comme une pyramide inversée posée sur la pointe. C'est par ce poids-là qu'on dit d'un homme qu'il a du poids ou qu'il fait le poids. A partir de cette fermeté à la base, le haut, lui, au contraire, peut être léger, comme un arbre solidement enraciné qui peut onduler dans le vent au lieu de se raidir et de se casser. Même le roseau de La Fontaine, qui « plie et ne rompt pas », a des racines.

L'homme moderne a pris l'habitude de se raidir de tout son être, au lieu de trouver son poids dans le bas-ventre. Alors, nous contractons la mâchoire, les épaules, pour essayer de parer aux coups. C'est devenir comme le chêne de la fable – sans avoir la force du chêne. Il n'est même pas nécessaire que « le vent redouble ses efforts » pour déraciner le chêne, alors que le roseau, lui, ne risque rien; il suffit que le vent de l'existence souffle un peu plus fort et notre prétendue force à nous est ébranlée. Nous avons pris l'habitude de nous contracter, de nous centrer dans notre tête qui nous trahit, dans notre cœur et nos émotions qui nous trahissent toujours. C'est ainsi que, dans la peur, nous devenons rigides, figés, sans souplesse, sans flexibilité.

Vous avez peut-être vu certaines sculptures modernes se présentant comme un bloc d'acier lourd d'où partent des tiges, des épis, qui bougent aisément si on les remue. Vous pouvez imaginer un arbre, comme le cyprès par exemple, à la fois souple et solidement enraciné. La base est solide et la cime, elle, peut se montrer flexible, s'adapter aux changements des vents.

La pluie tombe des cieux et elle descend sur la terre; la fumée, au contraire, s'élève vers le ciel. Une fumée monte en même temps qu'une pluie descend, et elles se croisent. De même, une énergie lourde, abandonnant les épaules, descend en nous et s'accumule dans le bas-ventre, tandis qu'une énergie légère, fine, subtile, s'élève le long de la colonne vertébrale jusqu'au sommet du crâne. Et c'est le dynamisme inverse de ces deux énergies qui fait l'homme en tant qu'être incarné, unissant en lui le Ciel et la Terre.

Mais dans votre manque de structure actuel, c'est le contraire qui se produit. Les énergies grossières envahissent votre cœur et votre tête; aussi disons-nous que nous avons le cœur lourd et la tête lourde. Notre pensée est grossière, nos émotions sont de nature grossière et non pas subtile, et nous manquons d'une vraie force.

Dans le hara vous vous trouverez donc vous-même : moi-même, pas moi directeur, pas moi ouvrier, pas moi heureux en amour ou moi trahi, pas moi admiré ou moi critiqué – moi tout court. Dans la tête vous trouverez le moi le plus conditionné qui soit : les pensées sont l'expression de vos conditionnements en tous genres. Dans le cœur vous trouverez le moi le plus conditionné qui soit : vos émotions expriment aussi vos déterminismes. « Vos pensées sont des citations, vos émotions sont des imitations », m'a dit Swâmi Prajnanpad. Mais dans le hara, vous sentirez une vie qui laisse loin derrière elle la mesquine vanité de l'ego. Vos « entrailles » sont une région du corps précieuse mais qui vous reste à découvrir.

Vous trouverez « moi », mais un moi intact. Même un névrosé, avec un peu de persévérance dans la pratique, peut retrouver dans le hara un moi intact. Ensuite, vous ferez beaucoup de découvertes intéressantes sur la manière dont vous vivez, c'est-à-dire sur la manière dont ce hara réagit. Parfois, en effet, dans la peur, le ventre se contracte, vous essayez de relâcher et le ventre se contracte à nouveau, jusqu'à ce que vous ayez suffisamment de maîtrise (mais ce n'est pas si difficile si vous le voulez vraiment) pour pouvoir affronter une difficulté avec un ventre affirmé, puissant. Ne soyez pas celui dont on dit qu'il n'a rien dans le ventre. Et si vous affirmez le hara, vous n'avez plus besoin d'affirmer l'ego, depuis « Comment, mais vous ne savez pas qui je suis ! » jusqu'à « Je suis perdu, tout va mal, personne ne souffre comme moi. » Le hara est toujours indemne et il demeure à votre disposition pour peu que vous ayez la maîtrise qui évite de rentrer le ventre dans les circonstances difficiles.

N'imaginez pas que la spiritualité consiste uniquement à s'élever vers le haut : laisser monter les énergies subtiles, purifier la tête et le cœur des fonctionnements grossiers, oui, mais aussi prendre solidement appui sur la terre. Ce qui manque souvent aux danseurs ou danseuses classiques, malgré leur maîtrise, leur musculature, leur talent, c'est le hara. Je me souviens d'une danseuse devenue professeur qui m'expliquait : « Je fais découvrir à mes élèves leur véritable centre de gravité. » Et en disant cela, elle avait posé ses mains sur son plexus solaire tout en rentrant le ventre. Si votre centre de gravité est surélevé, le moindre choc vous ébranle, quand ce n'est pas vous démolit. Si votre vrai centre de gravité se situe naturellement à la base de votre architecture, vous pouvez encaisser les coups émotionnels, vous pouvez faire face aux stress. C'est à partir du hara que vous pouvez bâtir la structure intérieure à laquelle faisait allusion ce yogi que j'ai rencontré pendant l'hiver 1962-63.

***

Mais l'histoire ne s'arrête pas là. Cette première conscience de soi est encore égocentrique. Et il y a plus que cela. Le moi, même purifié, représente une limitation puisque affirmer moi, c'est affirmer aussi la réalité de tout ce qui n'est pas moi, donc établir une dualité entre le moi et le non-moi, distinction qui voile le Un, le brahman. Il y a plus. Il y a au-delà du hara.

Maintenant que vous êtes devenu un homme dans la dignité de votre condition d'homme, que vous n'êtes plus un adulte infantile, vous pouvez vous engager sur le chemin réel. Grâce au hara, vous êtes devenu normal et vous pouvez progresser sur la voie qui conduit au supra-normal, un niveau d'être que le mental ne peut pas se représenter, qui n'a rien à voir avec l'expérience habituelle du bonheur, du malheur, des conditions heureuses, des conditions malheureuses : la réalisation du Soi suprême *(atman)* qui se découvre dans le cœur.

C'est pourquoi j'ai utilisé cette formule qui a surpris certains lecteurs : « C'est dans le hara que vous vous trouverez vous-même et c'est dans le cœur que vous trouverez Dieu. » Si au lieu de Dieu, vous voulez dire l'atman, dites l'atman. C'est dans le cœur que vous trouverez la Conscience non individualisée, dans laquelle il n'est plus question ni de Richard Gretz, ni d'Arnaud Desjardins.

L'Ultime n'est même plus un moi stable, un moi centré; il se révèle au-delà du moi.

C'est dans le cœur que vous trouverez la Vie qui vous rend libre de toute crainte de la mort. C'est dans le cœur que vous trouverez le Soi, et tout ce qu'a dit Ramana Maharshi deviendra vérité. Silence de la tête, silence des émotions, oublié même le hara. Et, si on peut attribuer un centre à ce qui en fait n'en a pas, l'Infini, l'Absolu, c'est en effet le cœur, la « caverne du cœur » annoncée par les Upanishads, mais le cœur débarrassé des émotions. « Plus grand que le plus grand, plus petit que le plus petit », ce Soi est décrit en termes volontairement incompatibles pour nous convaincre que le mental ne peut en aucune manière se le représenter. C'est dans le cœur que vous trouverez cette Réalité qui est votre essence ultime, libre de tous les fonctionnements mentaux, émotionnels, physiques et que l'Inde a tenté d'évoquer par les mots *sat, chit* et *ananda* : être, conscience, béatitude.

Mais chercher directement à dépasser l'ego, la dualité, l'altérité, comme nous le proposent les Upanishads, est devenu pratiquement impossible pour l'homme actuel. C'est même une question de karma : pourquoi sommes-nous venus nous incarner dans cette société de consommation matérialiste au lieu de nous incarner dans un village du Bengale ou du Bhoutan? Ce n'est pas sans raison et c'est ainsi.

Si vous cherchez à structurer votre ego, à vous donner un peu de poids, de force et de résistance aux chocs ailleurs que dans le hara, vous vous emprisonnez, vous créez une structure qu'il faudra détruire plus tard. Certains sont arrivés à une maîtrise des pensées réelle mais qui n'est pas celle que nous cherchons. Leur intelligence demeure claire, ils disposent d'une objectivité efficace pour résoudre les problèmes concrets, mais ils ont détruit leur propre cœur, ils l'ont anesthésié.

D'autres ont cherché leur force dans leurs émotions préférées : « Je réussis, on m'admire, je suis quelqu'un. » Le succès est en effet une nourriture et peut vous donner une certaine confiance en vous. Mais ce faux point d'appui, qui relève manifestement de l'avoir et non de l'être, vous engage dans une impasse. Un des personnages parmi ceux, multiples, qui vous composent, est devenu dictateur au milieu des autres. Et finalement, vous conservez un ego, un ego de politicien, un ego d'artiste ou même un ego de théologien, un ego qui vous permet de vivre moins pitoyablement, moins péniblement, moins douloureusement, de vous prendre un peu au sérieux, de traîner moins de complexes d'infériorité, de vous détester un peu moins. Mais cette réussite s'avère spirituellement sans issue, alors que dans le hara vous trouverez non pas un centre de gravité frelaté mais un centre neutre et qui pointe déjà dans la direction du dépassement de l'ego. Les *vasanas* n'affectent pas le hara. Les *samskaras* n'affectent pas le hara. Les grandes identifications telles que « je suis un pauvre con minable » ou au contraire « je suis le bras droit de François Mitterrand » n'affectent pas le hara.

Le hara, c'est la vie réelle, non déformée par le mental.

Par le hara, vous pouvez communier.

Le hara ne vous replie pas sur vous-même : il vous ouvre au monde. Il vous donne la force, mais pas une force qui vous emprisonne. Certains egos puissants sont une prison. Et la seule chance de libération serait la destruction de cet ego par un maître qui ait la violence de Gurdjieff, lequel ébranlait ceux de personnages fortement affirmés dans l'existence. Il y a tant d'exercices dits spirituels que le mental peut récupérer pour sa propre glorification.

L'exercice réel du hara met le mental de côté. Je dis bien l'exercice réel. Si vous vous concentrez sur le hara uniquement avec l'idée d'acquérir un pouvoir sur autrui en quelques semaines, vous trichez et vous vous mentez à vous-même. L'exercice honnête et humble du hara, consistant simplement à sentir la vie de plus en plus intense dans le bas-ventre qui devient alors une réserve d'énergie, est entièrement bénéfique. Il vous apporte cette confiance en vous-même dont vous avez légitimement besoin. Il donne quelques satisfactions indispensables à votre ego qui ne peut plus supporter de se sentir faible et humilié et ne cesse de se comparer aux autres tels qu'il les imagine. Mais ces satisfactions ne sont pas dangereuses et très vite elles ne seront plus nécessaires.

Vous trouverez en vous une force calme, paisible, qui vous donnera confiance et qui commencera à vous faire sentir ce que nous pouvons appeler « communion », « être un avec », un avec la vie, un avec l'énergie universelle qui prend tant de formes différentes. Vous commencerez à sentir votre appartenance, aussi bien physique que subtile, à la totalité. Vous découvrirez que votre corps physique est une cellule du corps physique universel, votre corps subtil une cellule du corps subtil universel, et ce qu'on appelle le corps causal une cellule du corps causal universel.

Cette appartenance à la totalité vous libère de la prison du moi, de toutes les réactions à cette prison, de toutes les fausses compensations à la faiblesse qui est la vôtre si vous vous ressentez comme un infime petit personnage dans un monde menaçant. Ces mécanismes diminuent à mesure que vous trouvez votre vraie force. Les fausses forces ne vous sont plus nécessaires. Vous n'avez plus besoin de vous raccrocher à des choses aussi fragiles que votre compte en banque, votre succès auprès du sexe opposé, l'admiration que les gens vous portent, et toutes ces réalités que la vie peut vous enlever. Car, vous le savez bien, vous pouvez perdre votre situation, perdre votre réputation, votre beauté physique, votre fortune, vous pouvez tout perdre. Alors pourquoi vous raccrocher, pour vous sentir être, à ce sur quoi vous ne pouvez pas compter?

Par contre, le hara, rien ne peut vous l'enlever.

Si ce sont les Japonais qui, pour nous, ont le mieux élaboré cet enseignement, non seulement la statuaire nous montre qu'il a été connu en Occident autrefois mais le langage en témoigne aussi : « être dans son assiette » au lieu de « être dans son hara ». Malheureusement, ceux qui pratiquent uniquement le yoga hindou peuvent passer à côté du hara. Les photographies de yogis au ventre plat nous font envie, comme celles d'*uddiyana bandha*, pratique dans laquelle le ventre est complètement escamoté, ce qui correspond bien à l'esthétique actuelle prônant des ventres aussi effacés que possible. Comme l'a très bien montré Dürckheim dans ses ouvrages, cette attitude moderne est une erreur et une promesse de frustration.

En fait, et ceux qui ont séjourné en Inde l'ont peut-être remarqué, même les sages hindous montrent aussi au repos un certain ventre. Dans mes premiers livres, j'ai même écrit que cela m'avait surpris et déçu. Ah? Je croyais que le yoga préservait du physique ventripotent des vieux messieurs! Et je me souviens avec amour et gratitude que Swâmi Sivananda Sarasvati de Rishikesh, considéré à juste titre comme un très grand yogi, exhibait généreusement, qu'il soit debout ou assis, son ventre proéminent, comme d'ailleurs bien d'autres maîtres.

Cet enseignement n'est pas une spécialité japonaise. Il a une valeur universelle et, pour vous tous, une valeur très concrète. Mais c'est dans le cœur que vous trouverez l'Infini, c'est dans le cœur que vous trouverez l'Illimité, c'est au cœur de votre cœur que Dieu vous attend.

Troisième partie

LA PRATIQUE

6

LITANIES POUR UN RETOUR À SOI-MÊME

Imaginez que vous vous intéressiez à ce genre d'exercices, à cette science de la méditation dont vous avez les premiers rudiments, vous verrez inévitablement la nécessité d'une bonne posture, celle qui vous convient : la tête doit-elle être un peu moins penchée en avant; devez-vous avoir les épaules moins en arrière? L'important, c'est de pouvoir demeurer complètement immobile. L'immobilité et le silence s'établissent à tous les niveaux : physique, physiologique, psychologique, mais ils sont perturbés chaque fois que nous bougeons. Nous voulons qu'une eau qui a été agitée redevienne calme : chaque fois que nous relançons un caillou dans l'eau, voilà de nouveau une série d'ondes qui vont mettre un moment à se dissiper avant que l'eau redevienne plane comme un miroir. Vous pouvez vous inspirer de cette image d'une eau absolument immobile. Quand vous essayez de méditer, ce ne sont pas les distractions extérieures qui viennent vous troubler mais toutes les agitations intérieures, ce qu'on appelle techniquement dans le yoga *vrittis*, qui montent de la profondeur. Elles émanent de *chitta*, le subconscient, d'où l'appellation *chitta vritti.*

Le premier but, c'est d'établir cette immobilité et ce silence. Et d'abord, au niveau du corps physique. Ressentez-vous assis, bien assis. Par la conscience de votre posture, ressentez votre structure, votre architecture. Ressentez si cette posture vous paraît ou non « stable et agréable ». Ce sont les deux qualificatifs célèbres des yoga sûtras de Patanjali, le traité fondamental du raja yoga.

Pour beaucoup de débutants la posture n'a rien d'agréable : mal aux jambes, mal au dos, des tensions partout. Nous sommes tous passés par là. Essayez de percevoir ce qu'il y a de non satisfaisant ou de satisfaisant, ici et maintenant, dans votre posture à vous. Notamment, est-ce que cette posture vous permet de relâcher les tensions musculaires dans la zone lombaire sans vous affaisser pour autant, sans que peu à peu le dos devienne de plus en plus rond.

Toutes les traditions ont demandé au corps de prendre certaines poses, ou plutôt d'entrer dans certaines poses, à genoux, debout les bras en croix, incliné en avant, le front au sol, et on retrouve ces attitudes dans la prière musulmane et les danses sacrées; on les retrouve sur des peintures ou des sculptures anciennes. Soyez d'abord convaincus de l'importance de l'attitude physique, notamment dans la méditation immobile, d'une posture que vous puissiez conserver un certain temps, sinon trois heures comme certains moines ou yogis, au moins une demi-heure.

Vous pouvez méditer assis sur un siège si celui-ci est assez haut. Les fauteuils et les divans modernes sont à proscrire. Sur les quelques sièges médiévaux authentiques qui subsistent encore, on peut vérifier combien le siège qui nous paraît inconfortable, à nous hommes modernes, peut être favorable à l'intériorisation et à la présence à soi-même.

Vous pouvez méditer à genoux, éventuellement avec un petit tabouret entre la partie des jambes qui appuie sur le sol et les fesses. Vous pouvez méditer assis sur le sol avec ou sans coussin. Les hindous n'utilisent aucun coussin. Les moines zen utilisent un « zafu » important, mais la morphologie des Japonais est différente de celle des hindous. L'important, c'est de bien sentir la solidité à la base et la flexibilité à partir du niveau de la ceinture. Vous aurez à expérimenter, à choisir la forme et la hauteur du coussin qui vous convient pour que, si possible, vos genoux touchent le sol. Les yogis entraînés, dont les jambes sont très souples, ont les genoux qui reposent sur le sol, même sans coussin. Si vos genoux ne peuvent pas toucher le sol, parce que vous n'êtes pas encore assez exercés, assez assouplis, n'hésitez pas à utiliser des appuis que vous placerez sous ces genoux. Tenez compte, chacun, de vos possibilités actuelles.

La base de toute posture, qu'elle soit yogique, hindoue, tibétaine, zen, est une certaine bascule du bassin qui dégage l'anus. Vous vous asseyez vers l'avant, vers les organes génitaux, et vous libérez l'anus, ce qui détermine une certaine cambrure. Les Japonais s'expriment poétiquement : « l'anus contemple le soleil » et Sensei Deshimaru disait crûment : « péter vers le ciel ». Il est souhaitable que cette cambrure s'effectue le plus bas possible. Essayez de sentir : suis-je assis sur l'anus, ce qui va m'amener à avoir le dos rond ou assis en dégageant l'anus, ce qui, ensuite, me permet, en me redressant, d'avoir le dos droit? L'important est de ressentir une impression de fermeté, de stabilité à la base, comme un socle, un réel appui sur le sol ou sur les coussins, et non d'être perché comme un oiseau sur la branche, ni assis sur le bout des fesses comme les timides qui n'osent pas s'installer confortablement dans un fauteuil.

L'assise, être « dans son assiette », bien installé, bien établi, est fondamentale. Cette fondation, vous la retrouvez debout dans la manière dont vos pieds s'implantent sur le sol. Soyez conscients : est-ce que je sens vraiment le bassin, l'os iliaque, le sacrum bien plantés et droits? Est-ce que mes fesses sont à l'aise sur le coussin? Est-ce que mes jambes croisées me donnent aussi un point d'appui ferme, comme un triangle, comme la base d'une pyramide? A partir de cette base, cherchez une flexibilité qui vous permet de vous pencher en avant, en arrière, à droite, à gauche, très consciemment, en sentant le mouvement partir du bas du dos, ce qui vous aidera à trouver votre verticale.

Le *pranam* (prosternation) accompli dans la posture est une salutation, un engagement, une consécration avant d'entrer dans le temple intérieur. Relevez-vous consciemment; quand vous sentez que vous avez atteint la verticale, vous vous immobilisez et vous relâchez toutes les premières tensions, celles qui peuvent céder immédiatement.

J'ai su ce que c'est, croyez-moi, que les douleurs dans les jambes, les jambes engourdies, l'impression qu'on ne pourra pas se relever. Cela fait partie de notre pratique, de l'adhésion à ce qui est. Si nous ne pouvons pas accepter ce désagrément physique, que sera-ce si un jour nous devons traverser les épreuves de la maladie ou de l'accident? En fin de méditation, le retour de l'immobilité au mouvement doit se faire aussi attentivement et consciemment, en acceptant cet engourdissement s'il se présente, en en restant intérieurement le maître. Certaines pratiques, certains étirements contrôlés vous sont accessibles pour recommencer à vous mouvoir sans rompre l'harmonie intérieure et sans transformer une salle de méditation, qui est un temple, en un gymnase où chacun remue à sa convenance, détruisant par là toute la qualité de sacré à la fois de la méditation elle-même et du lieu.

Cela dit, revenez à l'immobilité ici, maintenant. Prenez bien conscience d'une première vérité. L'axe vertical qui pointe vers le ciel, la colonne vertébrale, se situe *à l'arrière de nous-mêmes* et tout le reste de notre organisme est devant. C'est une réalité du corps physique. La sensation du dos est importante, non seulement en méditation, mais peu à peu, dans le courant de l'existence.

Ainsi, la posture n'est pas seulement le fait que les jambes croisées forment une base stable, que les genoux appuient sur le sol; ce n'est pas seulement dégager l'anus pour pouvoir se redresser; c'est aussi la conscience du dos, depuis la stabilité du sacrum et de l'os iliaque jusqu'au sommet de la tête, en passant par la nuque, aussi importante que la région lombaire. Placez bien cette nuque. Rentrez un peu le menton, même si cela vous fait un double menton. Dans les débuts, forcez même peut-être ce redressement de la nuque. Essayez de sentir, compte tenu de l'ondulation naturelle de la colonne vertébrale et de vos déformations éventuelles, quel peut être en vous le fil à plomb, depuis le sommet du crâne jusqu'à la base. On nous dit aussi : représentez-vous qu'un fil accroché au sommet du crâne vous tire vers le ciel. Dans le zen, le maître demande : « Poussez le sol avec les genoux, poussez le ciel avec la tête. » Sentez ce redressement, cette fermeté de la nuque en rentrant le menton – surtout pas la tête en avant, ni la tête levée vers le ciel – et, à partir de cette poussée vers le haut, vous laissez tomber les épaules et vous laissez descendre votre centre de gravité dans le bas-ventre. La difficulté est de concilier cet abaissement intérieur avec une rectitude qui correspond plus ou moins au terrible « tiens-toi droit » de notre enfance. Nous nous redressons, nous ne sommes plus ni physiquement, ni psychologiquement accablés, repliés sur nous-mêmes, c'est la première démarche. Nous retrouvons notre stature. Nous osons *être*, la poitrine ouverte, mais non les épaules tellement tirées en arrière que le dos soit bloqué. Et nous prenons bien conscience que cet axe se situe à l'arrière de nous-mêmes et que tout le reste est devant. Vous verrez, peu à peu, l'importance de cet axe à l'arrière. Si vous demeurez centré, axé dans votre colonne vertébrale et votre nuque, vous n'êtes plus projeté en avant, attiré hors de vous-même, happé par ce dont vous prenez conscience autour de vous, ni projeté en avant vers le futur, anticipant sur la minute suivante. Le célèbre « ici et maintenant » est associé à l'axe du dos à l'arrière de nous-mêmes. Vous aurez donc à chercher la correspondance qui existe entre la zone basse, au niveau des lombaires, et la nuque. Au départ, dans les premières pratiques, vous aurez à faire un effort d'étirement de la nuque.

Maintenant, la position des mains. Il y a une position particulière aux Tibétains, poings fermés appuyant sur les cuisses et la célèbre position du zen, les paumes l'une sur l'autre et les pouces qui se touchent. La plupart des hindous méditent avec les mains à plat sur les genoux ou les doigts formant un *mudra*, un geste rituel. Les méditations que je vous propose ne sont pas le zazen strict et je ne me réclame pas essentiellement de la tradition japonaise, mais vous pouvez utiliser la position du zazen si elle vous convient. Vous pouvez aussi avoir les mains à plat sur les genoux comme un hindou mais toujours en contrôlant le port de la tête, la fermeté de la nuque, la direction du regard.

Certes, il est possible de méditer les yeux fermés, mais je vous suggère, autant que vous le pouvez, de méditer les yeux légèrement entrouverts pour ne pas être dans le noir complet. Très souvent, le noir complet est associé pour nous à une somnolence ou à un surcroît d'images intérieures et de rêveries. Et, d'autre part, la rupture est trop grande entre la méditation yeux fermés et l'existence quotidienne. Vous ne pouvez évidemment pas vivre les yeux fermés. Les Tibétains méditent presque toujours les yeux fixés sur le vide, sur l'horizon infini. Éventuellement, au départ, fixez un point précis, juste pour donner une direction au regard les yeux grands ouverts et, au bout de quelques instants, vous ne voyez plus rien, ou à peine, tant l'attention est intériorisée, mais il n'y a pas de coupure entre les yeux ouverts dans la méditation et les yeux ouverts dans le courant de l'existence. La position paupières légèrement entrouvertes doit être reposante pour les yeux et permettre le relâchement du visage.

Maintenant, encore un point. Quand vous avez trouvé la posture qui n'est pas une torture pour vous, quand vous avez bien dégagé l'anus pour ne pas avoir le dos rond, quand vous avez accompli votre redressement intérieur (le contraire d'affaissé, affalé, découragé, déprimé), quand vous avez situé votre axe dans le dos, la posture va-t-elle vous permettre une réelle immobilité ou, au plus, d'imperceptibles mouvements qui amèneraient une toute petite rectification de cette posture si celle-ci était déformée en cours de pratique? Les sentinelles qui gardent le mausolée de Lénine sur la place Rouge à Moscou demeurent une heure immobiles sans que même une paupière ne vacille. Est-ce que nous ne pouvons pas nous demander une demi-heure, fût-ce au prix d'un effort, pour notre propre transformation, notre propre éveil? Peu à peu, par la pratique, la posture devient de plus en plus aisée. Et un jour, c'est avec bonheur que vous entrez dans la posture, que vous retrouvez cette posture pareille à elle-même, de jour en jour, de mois en mois, d'année en année.

Quand vous sentez que la structure ou l'architecture du corps est juste, l'important devient le relâchement, la détente musculaire profonde, le lâcher-prise dans les épaules, la descente du centre de gravité dans le bassin. Et pour ceci, la verticalité de la posture est fondamentale sinon vous ne sentirez pas la fermeté, la solidité de votre assise : lourd en bas, léger en haut; un socle en bas, la flexibilité en haut; non seulement une flexibilité physique, mais une flexibilité mentale, une adaptabilité aux circonstances à partir de la solidité des racines. Surtout ne vous représentez pas cette posture, dans sa noblesse, dans sa dignité, comme une sculpture en pierre, sculpture de pharaon ou Bouddha. Ne vous ressentez pas dans cette stabilité comme un roc sur lequel les vagues de la vie vont se briser. Ressentez-vous comme vivant. C'est la posture elle-même, stable, agréable comme dit Patanjali – même si ce mot nous paraît d'une cruelle ironie les premiers temps – qui va vous permettre de transcender la limitation, la séparation que représente le corps physique. Et une fois que la posture a été bien mise en place (nous ne prenons pas la posture, nous entrons dans la posture), ce qui nous importe, ce n'est plus la forme, la matérialité dite grossière, c'est la vie, le mouvement de la vie, la vie dans chaque cellule du corps, la vie dans les battements du cœur et la circulation du sang, et d'abord la vie dans le mouvement de la respiration. La posture est essentiellement vivante. Ressentez-vous donc comme vivant, comme un flux qui ne cesse pas de couler. L'homéostasie, l'intelligence profonde sur laquelle notre volonté n'a aucun pouvoir, l'intelligence de nos fonctions physiologiques, le métabolisme, sont tout le temps à l'œuvre.

Presque toutes les pratiques de méditation, y compris celles du mont Athos dans le christianisme, prennent appui sur la respiration. Vous essayez de découvrir par votre propre expérience intérieure le lien entre une posture juste et la liberté de la respiration. Il y a une relation entre la courbure de la colonne vertébrale et le diaphragme. Il faut que, peu à peu, votre respiration devienne aisée, naturelle, ample par elle-même, que vous puissiez sentir respirer le ventre, que vous puissiez inspirer en abaissant le diaphrame donc en sortant un peu le ventre, et surtout que vous puissiez descendre dans le ventre à chaque expiration.

C'est par l'attention, la conscience, la sensation interne que, peu à peu, nous rectifions notre posture. Commençons par en accepter les imperfections. Je ne peux pas me relâcher, je m'affaisse si je me relâche, je n'arrive pas à ressentir la poussée sur le bas-ventre à l'expiration. La poitrine ne s'ouvre pas naturellement à l'inspiration. Cette perception intérieure s'affine assez vite pourvu que nous nous demandions l'immobilité et la détente. Et c'est dans les difficultés que nous rencontrons éventuellement à demeurer à la fois immobile, détendu et respirant librement, que nous prenons une conscience fine de l'imperfection de notre *posture* et de l'imperfection de notre *attitude*, car la posture n'est jamais seulement physique. Elle est toujours à la fois émotionnelle et mentale. En Inde, on enseigne : « *sarvam asanam* », tout est posture. Un instantané photographique pris de nous dans une colère aussi bien que dans un éclat de rire montre une posture totale de notre être.

Si vous acceptez les imperfections actuelles de votre posture (qui vont se corriger peu à peu), si vous voyez combien vite les reins s'affaissent ou les épaules se crispent ou le placement de la nuque se défait, vous prenez aussi conscience de certaines imperfections émotionnelles fondamentales de votre attitude générale dans l'existence : un manque de stabilité et de confiance en soi, une crispation dans le haut de la poitrine liée à la vanité et à la peur, le besoin de bouger, à la fois physique et mental, de celui dont on dit qu'il ne tient pas en place. Vous découvrez où sont vos affirmations prétentieuses inutiles, où sont, au contraire, vos manques d'affirmation, votre peur d'être, votre peur d'exister, de prendre la place que l'univers vous offre.

La beauté de la posture bien prise, l'assouplissement des jambes, la conscience du dos, une immobilité aisée ont leur valeur. Mais les imperfections de la posture ont aussi leur valeur pour vous permettre de mieux faire connaissance psychologiquement avec vous-même. Et dans cette immobilité, vous pouvez faire des découvertes précieuses : voilà ma manière d'être fondamentale qui se révèle trop effacée, trop affirmée, trop avachie. La vie ne peut être uniquement ni relâchement allongé sur un lit, ni tension et tendance à bomber le torse. Et, plus subtilement encore, grandira une perception totale de vous-même avec cet axe du dos si important dans toutes les traditions ascétiques et mystiques; la libre communication entre le ventre, les organes génitaux et le cœur et, faisant le lien entre les deux niveaux, le diaphragme. Les imperfections inévitables de la posture, au moins pendant les premiers temps de la pratique, doivent être acceptées comme un enseignement concernant votre attitude fondamentale dans l'existence, acceptées avec un réel désir de vérité, de connaissance de soi, sans interprétation du mental, sans regret, dans le seul amour de la vérité.

***

Le sentiment avec lequel vous abordez une forme ou une autre de méditation est décisif. Même s'il est question de bascule du bassin ou d'abaissement du diaphragme, ne ramenez pas la méditation à des techniques pour se calmer ou même se réunifier, alors qu'elle est bien plus que cela, infiniment plus. Ne commencez jamais une méditation, quels qu'en soient les points d'appui physiques, sans le sens très vif du sacré. Soyez très conscient de l'immensité de l'enjeu, un pas de plus fait vers la découverte de la part éternelle de nous-mêmes. Cette réalité est déjà notre essence mais nous nous en sommes exilés et, par le recueillement, nous revenons à cette source éternelle en nous.

Prenez bien conscience de vous ici et maintenant, mais en essayant de ressentir ce sens du sacré. Vous êtes tous, toutes, tellement plus que vous ne l'avez découvert jusqu'à présent, quels que soient vos médiocrités, vos jugements sur vous-mêmes, vos contradictions. Le grand enseignement du védanta, c'est cette perfection intrinsèque de tout être humain, dont nous avons perdu la conscience. La méditation est un retour à l'origine.

Les énergies qui se dispersent dans les formes multiples extérieures à nous ou intérieures, pensées, émotions, reviennent à la source, *adhyatma yoga*, disait Swâmiji, yoga en direction du Soi. Et le Soi, c'est nous, débarrassés de toutes les limitations, la seule perfection possible puisque, dès qu'il y a « forme », il y a toujours limitation et imperfection.

Essayez de prendre conscience de vous avec ce sentiment nouveau, c'est fondamental. Prenez au sérieux les paroles telles que : « le corps de l'homme est le temple de Dieu », ou « le Royaume des Cieux est au-dedans de vous ». Il n'y a de méditation que si cette promesse vibre quelque part en vous, même si vous vous croyez bien éloigné de son accomplissement. Vous découvrirez un nouveau sentiment par rapport à vous-même, un sentiment religieux, indépendant de vos imperfections, au-delà de vos mesquineries.

Les Upanishads disent que l'atman se révèle. Vous ne pouvez pas le contraindre, mais vous pouvez remettre de l'ordre en vous-même, pour que cette révélation devienne possible, que ce ne soit plus vous qui l'empêchiez.

Ressentez le point capital : plus de pensées. Toute pensée crée un éloignement. Je pense à ce dont je suis éloigné ou séparé soit dans l'espace, soit dans le temps. Si j'ai une rose sous les yeux, pourquoi penser à une rose, ne pas simplement entrer en communion avec la rose? Si je pense à l'atman, si je pense au Royaume des Cieux, si je pense quoi que ce soit, je m'en éloigne. Surtout ne pas penser : être, seulement être – et ressentir. Comment puis-je être conscient sans penser? Sans me penser moi-même, sans penser à mon sujet, seulement être. Si vous pensez « j'inspire » quand l'inspiration s'accomplit, si vous pensez « j'expire » quand l'expiration s'accomplit, vous n'êtes plus dans la pureté de la vérité.

Retournez à l'extrême simplicité, redevenez pareil à un petit enfant. Retrouvez la respiration du petit enfant, la respiration d'avant les traumatismes, d'avant les injonctions de l'éducation, d'avant la constitution du mental et de l'ego. Essayez d'entendre pour la première fois cette parole : si le sage n'est plus du tout infantile, il est redevenu pareil à un petit enfant, parfaitement simple, fondamentalement simple, détendu, abandonné comme un tout petit dormant la tête sur l'épaule de la maman qui le porte dans ses bras. Et pourtant votre savoir, toute votre expérience resteront là à votre disposition. Lâchez votre âge, lâchez votre prétendue maturité, lâchez le poids de l'expérience. Déposez tous vos fardeaux d'adulte, tout votre passé d'adulte, lâchez. Retrouvez un cœur de petit enfant en retrouvant une respiration de petit enfant. Et ne pensez surtout pas à la respiration, vivez-la. Laissez-la vous animer, vous bercer. Lâchez le ventre, laissez la respiration descendre dans le ventre.

La pureté et la simplicité du petit enfant demeurent encore au fond de vous-même, non touchées par votre propre histoire, non touchées par vos traumatismes, et vous les retrouverez d'abord par la pureté et la simplicité de la respiration. Mais cette respiration devient consciente. Certes, par la force d'inertie de l'habitude, votre énergie retourne dans les pensées et vous ramène à la surface de vous-même, mais vous vous détournez de ces pensées et vous cherchez plus profondément en vous-même.

La respiration n'a pas de passé. Le passé est gravé dans votre cage thoracique pour vous empêcher de respirer librement, mais la respiration elle-même n'a pas de passé. Chaque inspiration est ouverte sur l'éternel présent, chaque expiration est nouvelle.

Sentez directement la Vie, pas votre vie, la Vie, avec ce sentiment que vous allez vers ce qu'il y a de plus sacré, de plus divin. Il est encore plus extraordinaire de rentrer en soi-même que de se trouver face à face avec le plus grand des sages. Vous ne pouvez pas méditer si vous n'abandonnez pas l'idée ou l'image plus ou moins conflictuelle que vous avez de vous-même, qui vous interdit de vous accepter complètement. Vous n'êtes ni médiocre ni coupable. Cette pauvreté n'est que la surface de votre être. Je vous conjure d'entendre l'enseignement du vedanta ou du bouddhisme sur la perfection de votre vraie nature. Il n'y a pas de méditation juste sans ce renoncement à la mauvaise opinion que vous avez de vous-même. Simplement, cherchez plus profondément au-dedans de votre propre cœur, en ayant confiance dans la promesse de tous les sages : vous êtes la paix, vous êtes la béatitude, vous êtes la réalité indestructible. Si vous entendez ces mots avec la tête, vous les pensez et vous ne ressentez rien. Si c'est votre cœur qui les entend, vous êtes touché, éveillé, et sur le chemin de la vérité.

Détendez votre visage. Sous le visage tendu, sous les rides, sous les sourcils froncés, le visage pur et simple est encore là. Lâchez les épaules, lâchez les bras, lâchez le ventre, laissez-le respirer. Et ne cherchez jamais ce qui n'est pas là. Cherchez seulement à mieux ressentir ce qui est là, dans la détente.

Vous êtes distrait? Revenez à ce sentiment de la gravité, de l'importance de cette recherche. Plus tard vous lâcherez même le point d'appui de la respiration. Mais d'abord prenez appui sur la respiration, la fonction naturelle qui nous est la première accessible. Et respirez avec le ventre comme un bébé dans son berceau. Si vous pouvez sentir la vie en vous, juste ici, juste maintenant, vous pressentez ce qui est éternel. La même vie anime le bébé et le vieillard. La vie est un jeu de morts et de naissances mais la Vie elle-même ne meurt pas.

Comment pouvez-vous retourner à des pensées limitées, des petites préoccupations actuelles, des craintes ou des excitations, alors que le plus précieux vous attend depuis toujours au cœur de vous-même, la découverte de la Vie qui vous libère définitivement de toute peur? Essayez de ne pas perdre ce sentiment de votre valeur divine, parce que c'est la vérité.

Et maintenant comprenez encore ceci, selon l'image célèbre : aucune vague en tant que vague ne peut devenir l'océan. Je peux seulement réaliser, découvrir cet océan, cet esprit immense, vaste, infini, en lequel j'ai l'être. Essayez de vous laisser couler, de vous laisser sombrer en vous-même. Perdez vos points d'appui de vague et vous découvrez l'infini. Ne vous accrochez plus à ce que vous connaissez. Vos informations sont des limitations. Lâchez prise, laissez-vous tomber dans le vide en vous-même, et la vague ne peut tomber que dans l'océan. Et pressentez au moins cet océan, cette immensité de la conscience qui vous tend les bras au-dedans de vous-même. Ne vous cramponnez pas à vos références habituelles. Abandonnez-vous complètement. Et ce que vous allez découvrir, qui est tellement plus que vous-même, c'est en vérité enfin vous-même. Osez fondre comme un bloc de glace qui redevient rivière, qui de nouveau coule et s'écoule.

Si vous voulez que la vie infinie se révèle en vous, quittez vos limitations : seulement ressentir, sans impatience. L'espérance, la foi, la confiance ne sont pas l'impatience. Moins vous êtes tendu vers la réussite, plus la réalité se révèle. Je lâche, je me lâche, tout en demeurant vigilant. Et un jour, vous retrouverez en vous cette pureté, cette spontanéité du petit enfant, car elle est là, intacte, éternellement intacte, éternellement renouvelée à chaque respiration, et au-delà même de la respiration.

***

Cherchez une conscience totale de vous, de toute votre présence. Ne soyez plus situé dans la tête, vivez avec votre corps entier. Ne pensez plus, ressentez. Retournez à la conscience physique, la sensation, la perception de vous-même ici, maintenant. Essayez de vous réunir, de vous rassembler, tête, corps et sentiment. Prenez conscience de votre vérité, dans l'instant. Qu'est-ce que vous ressentez? Soyez là pour le ressentir consciemment, sans vous confondre avec ce que vous ressentez. Cherchez ce que l'Inde appelle le témoin neutre.

Je me sens tendu physiquement, détendu, bien dans ma peau, mal dans ma peau? Émotionnellement, ai-je plutôt le cœur ouvert, fermé, un poids sur la poitrine, le cœur léger? Mentalement, ai-je les idées claires, ou des pensées obsessionnelles m'assaillent-elles? Acceptez complètement ce que vous ressentez et ne vous confondez plus, ne soyez plus identifié avec ce que vous ressentez. Plus vous acceptez ce que vous ressentez d'une acceptation absolue, comme si vous n'étiez pas concerné, plus ce témoin neutre devient présent.

Vous pouvez prendre conscience successivement de tous les niveaux de fonctionnement, de tous les *koshas*, les revêtements du Soi. Physique : *annamayakosha*, tendu, détendu, une douleur quelque part? Physiologique : *pranamayakosha*, fatigué, en pleine forme? Psychologique : *manomayakosha*, quelle est ma condition émotionnelle du moment? Logique : *vijnanamayakosha*, ai-je des idées claires et la capacité de voir clairement ce qu'il en est? Enfin, est-ce que je pressens la paix qui accompagne cette vision neutre, *anandamaya-*

kosha, plus d'opposition entre ce que j'aime et ce que je n'aime pas, la paix qui vient avec l'acceptation parfaite de toute ma vérité du moment.

Souvenez-vous toujours : ce qui est vu à tous ces niveaux est changeant, ce qui voit ne change pas. Ce qui est vu, ce sont toutes nos identifications possibles. Ce qui voit, c'est notre véritable identité, l'aube du Soi.

Essayez de ressentir avec un supplément de conscience. Si vous acceptez complètement que, dans le relatif, vous êtes fatigué, triste, et ainsi de suite, déjà vous ne vous confondez plus avec ces fonctionnements. C'est un « je suis » plus permanent qui se révèle. Pour éprouver ce je suis plus stable, vous pouvez prendre appui sur le corps physique qui présente apparemment une certaine permanence, sur la sensation du corps et l'enracinement dans le bassin, un appui physique que vous pouvez même retrouver dans le courant de la journée. Si vous êtes bien situé physiquement, le centre de gravité dans le bas-ventre, habitant en vous-même, vous ressentez une conscience, une présence beaucoup plus intense que dans les identifications ordinaires : je suis, j'existe, ici et maintenant. Dans les identifications, vous êtes emporté à gauche à droite par les pensées, les émotions, les réactions et *vous* n'êtes plus nulle part. Vous ne ressentez ni la conscience d'être ni le sentiment d'être. Le sujet est absorbé par l'objet.

Parce que l'attention s'intériorise, vous éprouvez : Je suis. Pas je suis triste, je suis gai, même pas je suis homme ou je suis femme : Je suis.

Essayez de ressentir cette conscience intense d'être vivant, *établi en vous-même*, et non happé par l'extérieur ou par vos rêveries, enraciné en vous-même, au centre de vous-même, et *en possession de vous-même*. Établi en vous-même, en possession de vous-même, comme vous vous installez au volant de votre voiture. Voilà mon volant, les clignotants, l'essuie-glace, le frein, l'accélérateur, l'embrayage, le levier de vitesses. Tout ceci est à la disposition du chauffeur de la voiture. Voilà mon corps et je peux lui demander de rester immobile, de se détendre physiquement. Voilà ma tête et je peux diriger mon attention dans la direction que je choisis. Voilà mon cœur, ma condition émotionnelle sur laquelle je n'ai pas un pouvoir immédiat, si ce n'est celui de ne pas me laisser submerger, de me dissocier. Vous vous dissociez d'autant plus que vous acceptez.

La méditation c'est donc *une présence*. Et en même temps c'est *une absence*, absence de l'affirmation individualisée ordinaire. C'est un vide, un effacement, un silence.

La méditation peut aussi bien s'exprimer dans la formulation positive hindoue : JE SUIS, je suis l'Absolu, ou la formulation bouddhiste : je ne suis pas, je ne suis plus. L'affirmation individuelle s'efface pour faire place au grand silence intérieur. « Quand l'homme se vide de lui-même, dit Maître Eckhart, Dieu le remplit. » Vous pouvez dépasser cette contradiction. La méditation peut aussi bien être une recherche d'être – je suis – et une recherche de ne plus être, de s'effacer complètement. Plus d'affirmation, seulement la vigilance pure. Essayez d'être vide, vide de vous-même, vide de tous les points d'appui habituels : juste la conscience, que vous dégagez, désengagez de toutes les perceptions, toutes les conceptions, toutes les formes. Essayez de sentir en vous ce vide, vide de tout ce qui est limite, comme l'immensité du ciel bleu. Vous perdez vos références, vos contours. L'esprit dégagé de tous les points de repère se révèle vaste, illimité, infini. La conscience individualisée se dissout comme la glace dans le fleuve, qui fond et redevient eau. Cet effacement découvre ce qui ne peut pas disparaître : une conscience qui n'a plus de limites mais à l'intérieur de laquelle peut apparaître une sensation, une idée, une forme, comme un nuage qui passe dans le ciel et s'éloigne sans laisser de trace. Attention à ce que le « Je suis » – je ne suis pas les pensées, je ne suis pas les émotions, je ne suis pas le corps périssable, je suis le Soi – ne soit pas une affirmation plus fine de l'ego, donc une prison, donc une limitation.

Vous avez pris appui sur le corps comme une réalité tangible, plus stable que les pensées et les états d'âme. En prenant conscience de la respiration, vous réalisez que le corps est vivant, animé par l'énergie qui respire en vous sans que vous ayez vous-même à respirer. Essayez de sentir le mouvement de la vie, un flux qui ne cesse de couler. Plus vous relâchez profondément, plus l'énergie revient au repos, plus vous découvrez une vie intense dans chacune de vos cellules. Le métabolisme ne cesse pas. Le corps lui-même est en changement perpétuel et, d'instant en instant, il vieillit. Vous acceptez que même le corps n'a pas de fixité, que même le corps est un flux, un mouvement, un changement incessant. Il n'a pas d'autre réalité que celle du changement, comme une rivière qui ne cesse pas de couler.

Peu à peu vous vous ressentirez de moins en moins comme matière solide, et de plus en plus comme énergie : la respiration, mais comme s'il n'y avait pas de corps physique et de poumons pour respirer. Essayez de sentir la respiration, pas seulement comme une ouverture et une fermeture du corps physique au niveau du thorax, mais comme le mouvement même de la vie. Laissez-vous porter par ce flux et ce reflux qui vous est donné sans cesse, depuis toujours, de la naissance jusqu'à la mort. Fondez-vous dans votre propre respiration, avec cette conscience que ce n'est pas vous qui respirez, mais que la respiration se produit d'elle-même. Ce n'est même pas *votre* vie, c'est *la* Vie universelle qui respire en vous. Unissez-vous de plus en plus à cette respiration. Que l'idée du témoin neutre ne vous fasse pas prendre de recul par rapport à la respiration. Vous êtes la respiration. Si vous devenez consciemment votre respiration, vous pouvez rester un long laps de temps sans idées parasites qui viennent vous distraire. Mais si des idées viennent, ne soyez pas déçu, ne vous divisez pas, ne refusez pas. Revenez tranquillement à la conscience de cette respiration. Essayez de n'avoir plus d'autre référence que le va-et-vient de la respiration elle-même.

*
* *

La posture n'est pas seulement physique. Toute attitude, toujours, est à la fois physique, émotionnelle, mentale. Il y a un état d'âme correspondant à une posture voûtée, affaissée, et un état d'âme différent si simplement nous nous redressons intérieurement et extérieurement. Ressentez-vous dans la posture comme une totalité. A la posture correspond un état d'esprit, une manière de voir les situations, un changement dans le sentiment. Je suis stable, bien assis, j'ose être là, prendre ma place dans l'espace. J'ai le droit d'être ici et maintenant.

Sans vous affaisser, sentez le premier dynamisme interne, la descente vers le bas. L'énergie lourde, dite grossière, ne peut produire, au niveau de la tête, que les pensées habituelles, conflictuelles, contradictoires, limitées et, au niveau du cœur, les émotions grossières. Et cette énergie lourde quitte la tête, les épaules, le cœur, et descend. Essayez de vivre intérieurement cette descente en vous-même comme un ascenseur qui ne s'arrête à aucun étage et descend jusqu'au rez-de-chaussée ou même au sous-sol. C'est un vrai lâcher-prise au niveau de la tête. J'abandonne les pensées et je m'installe de plus en plus dans ce bassin et ce bas-ventre que nous connaissons sous le nom de « hara ». Je laisse le haut se vider, le bas se remplir. L'énergie lourde a tendance à revenir vers le haut, donc vous retournez dans la tête et les pensées. A nouveau, laissez-vous couler en vous-même, avec l'impression d'une force qui descend par son propre poids; la tête s'allège, les épaules s'allègent, le cœur s'allège. Cet abaissement intérieur est votre première démarche, votre premier lâcher-prise, l'abandon des revendications, des tensions, des peurs. Descendez avec confiance dans vos propres entrailles et poussez un peu, durcissez un peu la paroi abdominale basse.

Lorsque vous avez approfondi la conscience de votre enracinement, revenez à celle de votre verticalité. Sentez le lien qui unit le sacrum et les organes sexuels au sommet du crâne, comme vous imagineriez de l'eau circulant dans un tuyau ou l'électricité circulant dans un fil. Essayez de ressentir un dynamisme naturel, qui se fait de lui-même, le mouvement de l'énergie fine qui part de la base et s'élève jusque dans la tête, comme la fumée d'un bâton d'encens s'élève verticalement s'il n'y a aucun courant d'air dans le temple. L'énergie lourde a abandonné la tête, les épaules, le haut de la poitrine, et s'est déposée dans le bassin. Une autre énergie s'élève, s'épanouit au niveau du cœur, non plus comme émotion mais comme sentiment, l'intelligence du cœur, et au niveau de l'intelligence comme ouverture d'esprit, clarté de vision... et atteint le sommet de la tête d'où part ce fil imaginaire qui l'attire verticalement vers le ciel. Il arrive que nous nous sentions redressés, sans l'impression que, nous, nous fassions le moindre effort pour nous tenir droit, comme si cette énergie nous grandissait de l'intérieur.

Dans l'harmonie de ces deux dynamismes, prenez conscience de votre réalité totale. Si vous n'êtes pas divisé, si vous devenez un tout – vous savez que « cosmos » veut dire « totalité » – vous êtes un univers en miniature. Ressentez à la base de vous-même l'énergie vitale qui anime tout l'univers, n'ayez pas peur de sentir dans le bassin, le ventre, le sacrum, les organes génitaux, une accumulation de force. Et de même que les branches d'un arbre sont liées aux racines, l'énergie fine se déploie au niveau du cœur. Il n'y a pas de contradiction. Vous ne pouvez pas vous couper en deux : un niveau intellectuel noble ou spirituel, et un niveau animal que vous mépriseriez. Dans cette pratique, toute l'habileté intérieure consiste à sans cesse laisser l'énergie lourde descendre, à s'installer toujours plus confortablement dans son bassin et son hara et à être en même temps conscient de cette énergie fine qui s'élève en nous jusqu'au sommet du crâne. C'est ce que les enseignements anciens appellent

« unir en nous le Ciel et la Terre ». Et celui qui renie la Terre n'atteindra jamais le Ciel.

Il nous est dit que, à l'inspiration, nous inspirons aussi une énergie, le *prana*, que les Japonais appellent le *ki*, dans laquelle nous baignons mais que nous ne savons pas recevoir consciemment. C'est une nourriture qui peut se répandre dans tout l'organisme selon des trajets ou « canaux » dits subtils. Et nous inspirons une troisième nourriture, encore plus fine, dont les langages symboliques disent qu'elle vient directement du ciel, qui est une nourriture pour le « corps causal » *(karana sharir* ou *anandamaya kosha)*, la part la plus spiritualisée de nous, celle qui n'est que Paix, Béatitude et Amour. Nous inspirons des influences célestes qui rejoignent cette énergie fine s'élevant en nous, de la base au sommet. Les soufis qui s'expriment en termes religieux disent que nous inspirons Dieu lui-même. Les chrétiens diront le Saint-Esprit ou le Souffle de Dieu. Vous pouvez en avoir l'expérience si vous êtes silencieux, ouvert, le cœur libre, l'esprit libre. Il nous est dit aussi très clairement dans la tradition hindoue et les Upanishads, que notre corps physique est une cellule du corps physique universel, ce que nous appelons la nature, notre propre corps subtil une cellule du corps subtil universel, et notre corps causal une cellule du corps causal universel, c'est-à-dire Dieu lui-même en tant que source de la Création et de la Manifestation. Mais nous sommes si peu silencieux intérieurement, si emportés par le bruit de nos préoccupations, de nos émotions et de nos pensées, que nous laissons échapper la conscience de ces vérités qui peuvent changer complètement une existence.

Alors vous sentez qu'il doit y avoir dans la vie un tout autre niveau de qualité. L'inspiration nourrit ces trois niveaux en nous, matériel avec l'oxygène, subtil avec une matérialité beaucoup plus fine, le prana, et un niveau encore plus subtil que nous décrivons comme *satchidananda,* Être, Conscience, Béatitude. Nous ne sommes parfaitement humains que si nous fonctionnons harmonieusement à tous ces niveaux. Ceux-ci sont reliés et si vous êtes mal situé physiquement, vous êtes mal situé psychiquement et mal situé spirituellement. Si vous retrouvez votre structure intérieure juste par la posture de méditation, tous ces niveaux de réalité se révèlent peu à peu à vous harmonieusement, sans que vous ayez à nier la force vitale au nom de la spiritualité ou à oublier la spiritualité parce que vous êtes entièrement pris par votre incarnation. La posture juste, stabilité, verticalité, détente, est celle qui vous permet de ressentir ces réalités plus fines, la libre circulation de l'énergie lourde et de l'énergie raffinée et le lien entre la force de vie, l'énergie sexuelle, l'ouverture du cœur et la limpidité de l'esprit.

***

Voyez ce dont vous prenez conscience en tournant tranquillement votre attention vers vous-même. Demeurez intériorisé, gardez le contact avec vous-même, rappel de soi ou présence à soi-même, et en même temps souvenez-vous que l'extérieur existe. Vous êtes là, calme, les yeux entrouverts, immobile, et vous savez que votre attention pourrait retourner à l'environnement, à toutes les situations que vous auriez à affronter. Prenez bien conscience de tout ce dont vous pouvez prendre conscience, ici et maintenant, les bien-être ou tensions, douleurs s'il y en a, coloration affective, soucis, préoccupations, intérêts du moment, et désengagez votre esprit de ces fonctionnements. Ce dont nous prenons conscience est dépendant et changeant. Ce qui voit est libre, ne dépend de rien.

Cherchez une conscience d'être qui ne soit plus limitée par une forme particulière. Essayez de sentir que l'esprit par lui-même est infini, vaste comme un horizon de 360°, mais que vous vous laissez rapetisser par des idées particulières, des perceptions particulières. L'esprit complètement désengagé retrouve sa vraie nature. Et essayez de ressentir toute perception, une petite douleur, une pensée, qu'elle soit heureuse ou soucieuse, comme une forme qui passe dans cet esprit, comme un nuage poussé par le vent qui traverse l'immensité du ciel. Même la conscience de votre corps, la perception de votre limite physique, est une forme dans l'immensité de l'esprit le plus pur. Et quand vous voyez que l'esprit va de nouveau se rétrécir, prendre une forme particulière, limitée dans l'espace et dans le temps, tentez de redonner à l'esprit sa vraie dimension qui est infinie et vide. Le désengagement intérieur est bien moins impossible qu'on le croit. A l'intérieur de cette immensité, une pensée se présente et vous la reconnaissez comme une pensée qui passe, vous considérez une émotion en tant qu'émotion, une sensation en tant que sensation. Vous ne les refusez pas, vous ne vous y intéressez pas spécialement, vous laissez passer. Représentez-vous que toute perception qui peut venir du dehors, si nous ne sommes plus intériorisés dans la méditation, est aussi une forme qui passe dans la vastitude de l'esprit et que vous pourriez, avec un peu de pratique, ne plus vous laisser limiter, rapetisser à la taille d'un objet limité dont vous prenez conscience.

Toute l'existence paraît se dérouler par votre relation avec l'extérieur. Vous voyez les autres êtres humains comme extérieurs à vous, vous voyez votre voiture, les meubles de votre appartement, la lettre que vous tenez entre les mains comme extérieurs à vous. Mais en vérité toute votre existence se déroule à l'intérieur de votre esprit, sous la forme de pensées, d'émotions, de sensations, de perceptions et d'idées. Par nature notre esprit n'a pas une forme plutôt qu'une autre. Par nature notre esprit prend toutes ces formes minute après minute, parce qu'il n'en a aucune.

Ce qui vous coupe de votre réalité profonde c'est, instant après instant, l'identification. Vous n'êtes plus que cette idée rose ou noire, que cette émotion heureuse ou triste, que cette sensation agréable ou désagréable, et vous oubliez cette nature vide et infinie de la conscience elle-même. Débrayez du monde des formes. Si une forme se présente, vous la laissez passer sans perdre la conscience du substrat illimité de l'esprit, comme si vous pouviez voir un oiseau passer dans le ciel en étant très conscient du ciel lui-même, et non pas toute votre attention centrée sur cet oiseau avec une appréciation qualitative suivant que vous trouvez celui-ci affreux ou ravissant.

Cette démarche vous est possible si vous la considérez comme tout à fait simple. Pourquoi l'esprit aurait-il en lui-même plutôt la forme de cette pensée que celle de la pensée suivante, plutôt la forme de la mélancolie de ce soir que la forme de l'optimisme de ce matin? A chaque instant, un peu plus profondément que ces formes momentanées, l'esprit est immuablement lumineux et serein. Toute notre histoire personnelle s'est déroulée comme un film à l'intérieur de cette conscience. Des formes changeantes apparaissent dans cet esprit vide, parce que cet esprit n'a pas seulement un aspect statique, non manifesté, mais aussi un aspect dynamique. Et cette énergie, en elle-même, n'a pas de forme non plus, comme la lumière émanant de la lampe d'un projecteur de cinéma qui ne se définit qu'en traversant la pellicule. Essayez de ressentir : je suis vivant. Ce vide est vivant. La Vie vous anime et, à sa source, elle n'a pas encore un aspect ou un autre. Cherchez en vous dans la direction de l'énergie à sa source. Les pensées, les joies et les tristesses, les dynamismes moteurs, sont des expressions différenciées de cette unique énergie. Cherchez et trouvez en vous l'énergie fondamentale, celle qui animait déjà l'œuf, fusion de l'ovule et du spermatozoïde. Cela vous demande beaucoup de vigilance et d'intériorisation.

Dès qu'apparaît une manifestation particulière, il y a opposition : d'accord-pas d'accord, content-mécontent, inquiétant-rassurant, j'aime-je n'aime pas, je veux-je refuse. Mais l'élan vital lui-même n'est pas divisé en oppositions. Essayez de vous situer en deçà – pas au-delà – des paires d'opposés, ni pour ni contre, ni attraction ni répulsion. Juste : je suis vivant. Votre vraie nature n'est pas impliquée dans le jeu de l'attraction et de la répulsion. Bien entendu cette démarche s'accompagne d'une totale détente. Au moins essayez de sentir cette double possibilité : ou bien l'engagement, l'identification, comme si vous aviez embrayé. Les pensées tournent, les émotions tournent et vous, vous tournez avec elles. Ou bien vous débrayez, les pensées tournent, les émotions tournent, mais vous, vous êtes au point mort, vous êtes au repos. Et ne considérez pas que chercher cet esprit vaste, vide, et cette vie sans conflits, est un accomplissement yogique merveilleux mais totalement inaccessible pour vous. Tentez-le et, à partir de cette tentative, vous comprendrez comment vous pouvez peu à peu diminuer la force d'identification à vos pensées, vos désirs, vos peurs, diminuer la force d'absorption qui vous happe, vous exile de cette vraie nature à l'intérieur de laquelle les formes de conscience se succèdent.

***

Une fois encore, nous recherchons la conscience de soi à un niveau plus profond, plus stable, plus permanent que les états d'âme et les états d'esprit changeants. Essayez simplement d'éprouver que vous êtes, que vous existez. C'est comme si tout à coup je m'éveillais, tout à coup une lampe s'allumait en moi. Je prends conscience de moi-même, de mon être, d'une manière beaucoup plus précise. Votre attention se tourne vers vous-même et deux fonctions, deux formes différenciées de l'unique énergie se réunifient, la tête et le corps, par la sensation que vous pouvez avoir de votre présence physique. Vous donnez comme un point d'appui à votre attention, quand elle se tourne vers vous-même, votre réalité physique dans l'immobilité de la posture. Vous réunissez aussi la tête et le cœur, en prenant très intensément conscience de votre coloration émotionnelle. Si les trois fonctions : corps et sensation, cœur et émotion, tête et attention sont réunies, s'applique le principe : « Le tout est plus grand que la somme des parties. »

Vous êtes de plus en plus immobile, non seulement physiquement mais mentalement, de plus en plus détendu, silencieux, et vous essayez de descendre dans le silence des profondeurs comme on descend dans la crypte d'une église. Cette conscience de soi est l'inévitable chemin de la conscience du Soi. Essayez de vous concentrer entièrement dans ce sentiment d'être, *d'instant en instant*. Peu à peu disparaît « je suis jeune-je suis vieux, je suis comblé-je suis frustré », tout ce qui se surajoute. Un « je suis » de plus en plus pur, dépouillé. En sanscrit : je suis, *aham asmi*, est même considéré comme un mantram. Et ne pensez pas « Je suis », ressentez-le.

Chercher la conscience à sa source ne peut pas être une pensée, mais un vécu total. Vous entrez dans ce silence avec le point d'appui de la posture, puis, peu à peu, même cette présence physique devient moins importante, seul demeure le sentiment d'être. Certes, cette conscience est encore ressentie comme : « je suis moi ». Vous ne perdez pas encore les points d'appui habituels. Vous affermissez la présence à soi-même mais à un niveau beaucoup plus profond et beaucoup plus silencieux. C'est un « je suis » qui implique à la fois la tête, la pensée, le sentiment et la sensation. Vous allez vers une réalité d'être toujours présente en vous, à la source de vos états conditionnés et de vos identifications. Et si vous êtes bien centré dans ce « je suis », vous reconnaissez que ce « je suis », même très pur, est encore limité. Je suis moi, c'est toujours un « je suis » individualisé. Moi à un niveau beaucoup plus profond, plus réel, mais ce n'est pas encore une conscience dans laquelle le moi, l'individualité limitée a disparu, même si ce moi est devenu très pur.

Vous pouvez sentir que vous aspirez à passer encore au-delà, à être libéré de ce moi à partir duquel naissent tous les désirs, toutes les peurs, l'insatisfaction, l'incomplétude, la frustration. Si même ce moi purifié pouvait s'effacer, toute limite et toute finitude s'effaceraient aussi. Seule régnerait la conscience pure, et cette conscience, elle, est béatitude infinie. Votre démarche est donc d'abord une affirmation puis un effacement, une présence puis une absence. Plus la conscience qui dit : « moi » s'éteint, plus vous vous retrouvez comme si vous vous étiez d'abord perdu. Nous ne cherchons pas autre chose que ce que nous sommes, mais nous dépouillons cette conscience d'être de ces attributs. Ce que nous cherchons nous le sommes déjà et nous nous dépouillons, nous faisons silence. Pas de passé, pas de futur. Pouvez-vous être encore plus silencieux, encore plus dépouillé, encore plus vide? Et peu à peu se révèle en vous – je ne dirai même pas « vous découvrez » parce que le vous qui découvre s'efface – peu à peu se révèle la Conscience pure dans son aspect statique, non manifesté, un lac sans la moindre ride. Le moi limité se trouve pour un instant effacé et une impression d'immensité se révèle en vous, sans aucune considération d'espace ni de temps.

Et cette conscience a un autre visage qui est le visage énergie *(atma shakti)*, le visage dynamique et actif. Tout en demeurant dans le grand calme des profondeurs, découvrez la source de vie ou l'élan vital à sa source. La vie est là en vous, dans votre ventre, vos entrailles, votre sexe, votre cœur, votre tête, une vie neuve, vierge, toujours vierge, toujours nouvelle. Sentez ce que pourrait être cette vie libérée des mesquineries, de la petitesse et de l'étroitesse de l'ego, et essayez de ressentir celui-ci comme étant la prison, la plus terrible des prisons, qui rapetisse, qui limite, qui divise. Si cet ego lâche prise, la vie spontanée, la vie éternelle se révèle, toujours neuve, une source qui ne cesse de couler.

En vérité l'ego n'aspire qu'à devenir de plus en plus vaste, à se transcender lui-même, à perdre ses limites, à devenir infini, à s'effacer, mais le mental est là qui interdit cet épanouissement, cet effacement. Si vous êtes vraiment silencieux, quelle soif d'infini se révèle en vous, quelle aspiration à dépasser toutes les limitations. Cette soif en vous n'est pas venue du dehors, elle n'est due à aucune influence, aucune imitation. Nous la portons tous en nous : une vie plus vaste, plus riche, plus libre, plus spontanée.

*
* *

Entrez tranquillement en vous-même. Entrez en vous-même comme vous ralentiriez avec une voiture et non pas comme vous donneriez un coup de frein brutal. Détendez-vous, prenez conscience de vous. Tranquillement installez-vous en vous-même. Vous allez à la rencontre d'une paix, d'une non-dépendance, qui sont déjà en vous mais que vous ne ressentez pas parce que votre attention est trop prise par les perceptions de surface. Et, pour aller à la rencontre de ce qui vous attend au cœur de vous-même, vous essayez de créer en vous un certain climat qui va dans le sens de cette paix des profondeurs. Vous choisissez de lâcher les tensions, de ne plus rien refuser, vous choisissez le oui, la non-protection et vous mettez votre confiance dans la vie que vous ressentez en vous.

Depuis papa et maman dans l'enfance, toute notre existence a été fondée sur les points d'appui extérieurs, ceux qui nous ont trahis, ceux qui ne nous ont pas trahis. Notre mental, notre ego, notre limitation, notre incapacité à découvrir l'infini qui est en nous viennent de cette opposition : ce qui m'a trahi, ce qui ne m'a pas trahi – ce qui me veut du bien, ce qui me veut du mal. Vous tournez votre attention dans une tout autre direction : vous cherchez votre point d'appui en vous-même. Vous cherchez à trouver en vous un sentiment d'être, une force, une confiance qui ne dépendent plus de ces conditions extérieures. Revenez à vous-même, établissez-vous en vous-même, essayez de sentir de l'intérieur votre propre force qui émane du sentiment d'être, et d'être soutenu par la Vie.

Vous avez été créé par l'existence, elle vous nourrit de la respiration. Nous sommes tous des vagues du même océan. Et pour sentir notre propre force qui ne dépend plus de l'extérieur, le réel point d'appui, il est dans l'enracinement, la descente du centre de gravité de notre être dans le bassin et le bas-ventre. Sentez bien votre assise, vos fesses sur votre coussin, vos genoux sur le sol. Sentez aussi votre verticalité depuis le sacrum jusqu'au sommet de la tête. Ne rentrez pas le ventre à l'expiration, contrairement à certains exercices de yoga. Installez-vous de plus en plus dans votre bassin à chaque expiration, avec la stabilité d'une pyramide. Mais vous n'êtes pas des blocs de pierre, vous êtes vivants. Essayez de percevoir le bassin et le bas-ventre comme un socle ou comme un enracinement et, tout en restant dans l'immobilité, qui vous permet une détente de plus en plus profonde et même l'immobilité de l'esprit, représentez-vous tout le haut de votre être comme flexible physiquement et psychologiquement, adaptable au courant de l'existence, à la variété des situations, un arbre qui a des racines et peut facilement fléchir dans le vent et, parce qu'il s'adapte au vent au lieu de résister, il ne rompt pas. Surtout n'essayez pas de vous sentir dans cette stabilité de la posture comme un roc sur lequel les vagues de l'existence viendraient se briser, surtout pas. Comme un être enraciné mais vivant, donc souple, donc flexible, sans rigidité.

Videz le haut, remplissez le bas. Allégez le haut, mettez le poids en bas. Concentrez l'énergie dans le bas-ventre avec chaque expiration et lâchez prise complètement à l'inspiration. L'ouverture libre de la poitrine induit l'ouverture du cœur et celle de l'esprit qui ne se replie pas sur ses opinions, ses préjugés, ses conceptions. Un esprit tout à fait ouvert, libre, disponible pour accueillir autant les contradicteurs que les admirateurs. Approfondissez la sensation du bassin et prenez bien conscience des trois centres d'énergie qui s'y trouvent associés. Tout à fait au bas du dos, le sacrum. Essayez de respirer par le sacrum. Naturellement vous ne pouvez respirer l'air qu'avec vos poumons mais, à chaque inspiration et expiration, approfondissez la sensation que vous avez du bas de votre dos, comme si vous pouviez inspirer et expirer par le sacrum. Sentez ce sacrum comme la source d'où émerge la colonne vertébrale qui monte vers le ciel et culmine au sommet du crâne. Les organes génitaux sont aussi une source d'énergie et, à mi-chemin entre le pubis et le nombril, le hara.

C'est par ces trois centres de la base que nous accomplissons notre incarnation, que nous prenons appui sur la terre, que nous sommes reliés à la nature. C'est là que nous trouvons notre force fondamentale, sans contradiction, sans l'opposition heureux-malheureux ou, au niveau de la tête, d'accord-pas d'accord : la vie sans dualité, seulement la conscience d'être. Surtout ne reniez pas cette force naturelle, et à partir de cette force animale dans le bassin, la vie dite spirituelle, les sentiments les plus divins peuvent se développer. Et d'abord le sentiment sans contraire, le oui du cœur, paix, certitude, ouverture confiante, amour sans peur. Si vous ne perdez pas contact avec l'enracinement à la base, la peur, donc la nécessité de protection au niveau du cœur se dissipe et vous pouvez vous ouvrir sans résister. Le sentiment devient de plus en plus vaste jusqu'à l'infini. Et, à partir de cet enracinement, la tête aussi peut être plus libre, plus ouverte, sans protection. L'énergie qui s'investit dans les pensées contradictoires, futiles, souvent inutilement inquiètes, a retrouvé sa place juste à la base de votre présence. Une énergie beaucoup plus fine peut nourrir votre tête, une tête lucide, détendue, un esprit disponible et, surtout, un esprit réconcilié avec cette racine de votre être, n'opposant plus la force naturelle et un monde d'opinions, d'idées, de préjugés.

La pensée ordinaire est issue du passé, de vieilles peurs, d'injonctions de l'éducation, de marques du « surmoi ». Si vous pouvez retrouver avec confiance vos propres entrailles, vous retrouvez la vie en vous, indépendante de ce surmoi rigide qui vous étouffe et vous tyrannise.

Essayez d'avoir l'esprit complètement détendu et disponible mais non coupé de la sensation de la base. Pour associer la tête à l'enracinement, vous allez détendre complètement l'esprit comme si tout l'intérieur de votre crâne était au repos, vidé des préoccupations habituelles et vous allez sentir l'air pénétrer en vous par les narines. Laissez l'inspiration se faire d'elle-même, sentez le souffle qui emplit et caresse toute votre tête. A l'expiration, vous vous représentez, sans aucune considération ou association érotique, que ce souffle vient nourrir vos organes sexuels, source de la vie créatrice en vous. Vous expirez dans les organes sexuels en même temps que le prana de l'air vient nourrir cette partie de votre être. L'important est d'échapper au jeu des conflits. Quand vous êtes perturbé, vous pouvez être très aidé, pour revenir à la paix en vous-même, en disant oui de tout votre être à votre propre respiration. Oui à l'expiration, oui à l'inspiration et, par là même, vous êtes immédiatement aidé à dépasser le monde de l'attraction et de la répulsion. Ce oui est toujours à votre disposition. Et dire oui à la respiration, c'est dire oui au niveau des narines en détendant toute la tête, c'est dire oui au niveau de la poitrine qui s'ouvre, qui se dilate et qui se vide, oui au niveau du cœur, oui au niveau du ventre et du hara, puisque vous expirez dans le ventre. Par la respiration consciente, vous pouvez imprégner de ce oui, du AUM sanscrit, toutes les parts de votre être et toutes vos fonctions et, par là même, réconcilier la tête, le cœur, le corps, le sexe.

***

Revenez à vous-même. Prenez conscience de vous, ici et maintenant. Abandonnez les tensions dans les épaules et le haut du dos, relâchez le ventre, installez-vous dans votre bassin, dans votre assiette, et prenez conscience de la respiration, sans modifier celle-ci et sans anticiper; quand l'inspiration commence, vous oubliez qu'elle va s'arrêter; quand l'expiration commence, vous oubliez qu'elle va s'inverser; vous êtes parfaitement dans l'instant, seconde après seconde.

Soyez particulièrement conscient de l'expiration. L'expiration a une double fonction. La première : donner, ne pas garder. Je ne dirai pas rejeter mais abandonner. Nous abandonnons le gaz carbonique et, en même temps, nous abandonnons tout ce qui peut être abandonné, non seulement toutes les tensions, mais tout le poids du passé et toutes les prétentions de l'ego. L'autre fonction de l'expiration c'est de recueillir ce que nous avons accueilli à l'inspiration, notamment l'énergie subtile désignée sous le terme de *prana.* A l'inspiration j'accueille, à l'expiration, si celle-ci est consciente, je recueille, je ne laisse pas se perdre le prana. Représentez-vous qu'en même temps que l'air, vous inspirez cette énergie et qu'à l'expiration, ce prana se répand dans tout votre organisme, vous remplit peu à peu.

Certains textes traduisent « le souffle » et nous ne comprenons pas comment le souffle peut pénétrer dans les bras ou dans le ventre, ailleurs que dans les poumons. Il s'agit du souffle subtil. A l'inspiration, vous vous représentez que vous inspirez l'énergie et, à l'expiration, que cette énergie, qu'on peut aussi se représenter comme une matérialité très fine, imprègne tout votre être, et vous nourrit, comme on rechargerait une batterie électrique. Cette énergie est recueillie particulièrement lorsque nous sommes vigilants, conscients. Et, dans l'immobilité, le silence, vous ne la consommez pas.

Par la puissance de l'attention – une attention détendue – vous pouvez diriger particulièrement le prana vers telle ou telle partie de vous-même (qui relève à la fois du corps physique et du corps subtil). Accompagnez bien l'expiration, essayez de ressentir que le prana s'accumule par exemple dans votre ventre, qu'il imprègne chaque cellule de celui-ci. Comme il n'a pas la matérialité du sang, par exemple, il n'a pas besoin de canaux matériels pour circuler. Ressentez de mieux en mieux cette partie de votre être, avec l'impression qu'elle se charge de plus en plus de cette énergie subtile. A l'expérience, vous verrez combien il est possible de se recharger d'énergie par la respiration consciente.

Vous pouvez aussi choisir une partie de votre être avec laquelle vous êtes en difficulté, qui est souvent douloureuse et contractée, ou associée à de mauvais souvenirs, un traumatisme physique ou une blessure psychologique, une partie de votre corps qui vous a posé des problèmes, que vous n'avez pas pu aimer, qui vous a trahi, quelle qu'elle soit. Et vous dirigez le prana vers cette partie pour la détendre, la consoler, la nourrir. A chaque expiration, représentez-vous que, par la force de votre attention, vous orientez particulièrement le prana vers cette partie de vous-même. Relâchez-la de plus en plus, essayez d'en avoir la sensation interne et nourrissez-la de prana. Et, à l'inspiration, sentez bien que vous accueillez une énergie qui vous est donnée gratuitement. Les yogis affirment même qu'on peut faire croître un muscle rien que par la puissance de l'attention ou qu'on peut cicatriser beaucoup plus vite une blessure. Certaines douleurs peuvent disparaître complètement au bout d'un peu de temps de cette pratique. Mais il y a aussi un aspect psychologique très important.

La contracture lâche, vous sentez l'énergie qui circule, la zone sur laquelle vous vous concentrez se remet à vivre. Dans certains cas, c'est comme si nous avions condamné une partie de notre être qui a été source de souffrances ou de frustrations, comme si nous ne voulions plus en entendre parler. Nous la réintégrons à notre présence d'ensemble, nous lui redonnons sa place, nous nous réconcilions avec elle, nous l'acceptons complètement comme étant une part et un aspect de nous-même, nous ne lui en voulons plus, au contraire, nous la nourrissons, nous la vivifions. Par le prana consciemment dirigé, nous aidons cette partie du corps à revivre, à guérir. Puis, revenez à votre présence totale, depuis l'assise jusqu'au sommet de la tête avec l'axe de la colonne vertébrale dans le dos, et à la sensation que l'énergie emplit votre corps entier à chaque expiration. Ne forcez pas, ne prenez pas en charge la respiration, simplement accompagnez-la, encouragez-la, rendez-lui sa liberté. Ce prana ne se répand dans tout notre être que dans la mesure où nous sommes relâchés, mais diriger le prana dans une partie du corps nous aide à la détendre et à la relâcher. Encore faut-il un peu de foi pour croire que ce qui vous est proposé, cette possibilité de diriger consciemment le prana vers telle ou telle partie de votre organisme, correspond à une réalité. Mais ne concentrez pas seulement votre intérêt dans l'expiration. Ressentez bien l'accueil à l'inspiration. J'accueille, je recueille, j'accueille, je recueille...

* * *

Si vous respirez consciemment, de nouvelles possibilités apparaissent. Vous avez la possibilité d'agir sur les mouvements de l'énergie en vous, simplement par la force de l'attention. En même temps que vous suivez attentivement le mouvement de la respiration, prenez conscience des différentes *fonctions* en vous telles qu'elles se présentent : tête au repos ou agitée, cœur lourd ou léger, et physiologiquement, surcroît d'énergie ou fatigue.

Pranayama ne signifie pas seulement maîtrise de la respiration mais contrôle du souffle subtil. Ce prana que nous dirigeons par la rigueur de l'attention vers telle ou telle partie du corps, nous le dirigeons aussi vers telle ou telle de nos fonctions. Par exemple, vous avez la tête vide, mais dans le mauvais sens du mot. Vous êtes intellectuellement fatigué. Représentez-vous qu'à chaque expiration le prana vient régénérer votre intelligence, que votre pensée si lasse est comme réanimée. Par cette finesse de l'attention, vous pouvez évacuer d'une fonction l'énergie grossière et vous pouvez aussi donner l'énergie subtile à cette fonction. Si vous vous sentez vidé physiquement, peut-être même épuisé, répartissez le prana dans tout votre organisme à chaque expiration, comme vous gonfleriez un ballon en lui insufflant de l'air. On dit bien de quelqu'un qu'il a été regonflé à bloc. Mais pratiquez toujours dans le silence intérieur, la discrétion, la patience, l'ouverture, jamais avec un esprit de conquête. Ce prana, vous ne pouvez que l'accueillir, et l'accueillir avec gratitude. De la même manière, vous pouvez nourrir de prana la fonction sexuelle, pas seulement pour retrouver un élan érotique mais parce que cette fonction est la fonction créatrice par excellence, la source de toute créativité.

Vous pouvez aussi, et c'est le plus important, diriger ce prana vers le cœur, et donner plus de richesse à votre sentiment. Plus rien ne vous intéresse, vous êtes amer, déçu, dégoûté de tout? Inspirez paisiblement par les narines et, à l'expiration, dirigez le prana vers le cœur pour redonner vie à celui-ci. Tout ce que vous demandez à ce cœur, c'est de ne pas refuser cette nourriture. Donc vous imprégnez de prana non seulement une partie de votre organisme physique ou physiologique mais une fonction, celle du cœur, celle du sentiment et vous sentez votre cœur redevenir vivant, ouvert.

La grande découverte des yogis est la possibilité de diriger le prana en nous-même par la conscience. A chaque expiration, votre cœur se réanime un peu plus, devient un peu plus vivant. La respiration, c'est la vie elle-même. En inspirant consciemment, en accueillant avec gratitude et en recueillant précieusement ce que l'inspiration vous donne, vous découvrirez que vous aspirez à une réalité encore plus fine que le prana, une réalité spirituelle. En sanscrit, atma veut dire le Soi, pronom personnel, et signifie aussi le souffle. En grec, pneuma signifie autant le souffle que l'esprit. La réalité spirituelle a toujours été assimilée au souffle et elle est associée à la respiration physique. Par l'attention, vous pouvez spiritualiser toutes vos fonctions. Ce souffle de l'esprit imprègne votre corps, votre tête, votre sexe et votre cœur. Dans cet état d'esprit, la respiration devient une prière. Je n'accueille pas seulement l'oxygène et le prana, j'accueille Dieu lui-même. J'accueille la Paix, j'accueille la Lumière. « L'homme ne vit pas seulement de pain », a dit le Christ, et l'homme ne vit pas seulement d'oxygène. C'est entièrement une question d'état d'esprit et de vigilance.

Par la respiration consciente, nous collaborons avec la vie qui nous sous-tend et nous soutient, nous nous régénérons nous-même. Nous devenons l'auxiliaire conscient du Créateur. Tout ceci, il ne s'agit pas de le penser, il s'agit de le ressentir, de le vivre. Sentez-le, vivez-le, vérifiez que c'est vrai; à votre tour, faites cette découverte; à votre tour, bénéficiez de cette vérité.

Encore un point. On a toujours signalé deux obstacles à la méditation, l'un d'être trop agité, l'autre d'être trop somnolent. Trop agité, c'est ce qu'on appelle en Inde « rajasique », trop somnolent « tamasique ». Se ressentir à la fois intensément éveillé et paisible, c'est être « satvique ». Si une de vos fonctions est tamasique, lourde, vous pouvez la nourrir d'énergie fine. Si votre fonction est rajasique, agitée, vous pouvez l'apaiser par le pranayama en la vidant de cette énergie grossière. En équilibrant les mouvements de l'énergie, la respiration harmonise nos fonctions. Recevez la respiration comme une terre desséchée reçoit la pluie du ciel. Laissez cette pluie vous imprégner et vous féconder.

Quand vous inspirez consciemment, religieusement, c'est comme si les forces célestes descendaient sur vous, descendaient en vous. C'est le propre de l'eau de toujours descendre, d'aller vers le bas, de la source en montagne jusqu'à la mer. Et cette pluie fécondante, fertilisante, avec l'expiration vous pouvez la diriger particulièrement vers la racine de votre être, dans le hara. Là, peu à peu, vous sentez au contraire comme une chaleur, comme un feu. A l'opposé de l'eau, la flamme s'élève toujours, s'élance toujours vers le ciel. Le feu donne la chaleur et la lumière. Jusqu'à l'électricité, les hommes n'ont connu d'autre lumière que celle du soleil, et celle de la flamme, torche ou chandelle. Si vous êtes vigilant, attentif, vous pouvez sentir cette chaleur et cette lumière se répandre dans tout votre être et, elles aussi, nourrir, animer vos fonctions : un cœur chaleureux, une tête qui a les idées claires. Dès que vous avez dépassé les premières réticences à ne plus être extérieurement actif, vous découvrez toutes les possibilités de l'attention intériorisée et un monde merveilleux s'ouvre devant vous, un monde de possibilités nouvelles qui était depuis toujours votre héritage.

Entrez dans votre respiration. Soyez entièrement inspiration avec l'inspiration, entièrement expiration avec l'expiration. L'expiration a deux aspects. L'un, c'est de recueillir le prana que nous avons inspiré. L'autre aspect, c'est laisser partir, s'en aller, se laisser vider. Ne retenez pas. Ne gardez pas. Accompagnez l'expiration, permettez à l'air de s'échapper, encouragez vos poumons à se vider.

La vie est sans cesse un changement : perdre, retrouver – mourir, naître. Non seulement je ne retiens rien, mais je ne me retiens même pas moi-même, je me donne, je me perds, j'expire, je meurs à chaque expiration. Ne vous inquiétez pas, l'inspiration suivante viendra jusqu'au dernier jour de cette existence. Abandonnez-vous complètement avec chaque expiration, ne retenez rien, ni le passé, ni vos idées, ni vos opinions, ni vos préférences, ni même la conscience limitée à l'ego. Plus vous expirez à chaque expiration, je ne dis pas plus vous vous videz mais plus vous vous laissez vider, plus l'inspiration sera riche, nourrissante. C'est un renouvellement. Comme dans la prosternation, vous vous abaissez complètement et vous vous relevez. C'est une nouvelle naissance. Laissez partir tout ce qui est inutile, le gaz carbonique, les émotions négatives, les vieilles peurs. Et ne retenez pas non plus ce que vous aimez. Acceptez de perdre et vous recevrez. Donnez, donnez ce qui a une valeur, vous ne le perdrez pas. Ne vous accrochez à rien, ne retenez rien. Essayez de vivre ce lâcher-prise avec chaque expiration.

Si vous allez complètement avec l'expiration, vous serez renouvelé à l'inspiration et vous découvrirez peu à peu ce qui est au-delà de l'expiration et de l'inspiration, ce qui ne naît pas et ne meurt pas en vous. Laissez-vous fondre à chaque expiration comme la glace qui fond et redevient eau. « Qui veut sauver sa vie la perdra », a dit le Christ. Tous les maîtres l'ont affirmé. Videz-vous d'abord si vous voulez être empli. Si l'homme se vide de lui-même, il est empli de Dieu. Donnez-vous aussi à l'inspiration. Ouvrez-vous, laissez-vous pénétrer, accueillez. Avec l'inspiration, sentez que vous vous ouvrez à la totalité de la vie, aux mauvaises nouvelles comme aux bonnes nouvelles, aux critiques comme aux compliments et non à la moitié seulement de l'existence. Et vous verrez que vous pouvez vous ouvrir, que vous pouvez accueillir et que c'est la seule possibilité d'être vraiment vivant, sans crainte et sans peur. Choisissez la non-protection. Les soufis disent que dans l'inspiration vous vous ouvrez à Dieu, vous inspirez Dieu lui-même. Mais Dieu c'est la totalité de la vie : santé et maladie, arrivée et départ, réussite et échec. Plus d'opposition. Je peux tout inspirer parce que je peux tout expirer... Et plus vous donnez *tout* à l'expiration et vous accueillez *tout* à l'inspiration, plus vous vous sentez libre, libre de la crainte, plus vous vous sentez enfin vivant.

L'inspiration est aussi un don de soi. Je m'offre à ce qui va me pénétrer : la vie, l'oxygène, le prana, le souffle de l'Esprit. Je m'offre à la totalité de l'existence, ce que jusqu'à présent j'ai aimé, ce que jusqu'à présent je n'ai pas aimé. L'inspiration est un « AUM », l'expiration est un « AUM ». Plus de résistance, plus d'avidité, dépassez les oppositions dans lesquelles vous vous débattez. Devenez de plus en plus total et de plus en plus vivant dans l'instant, sans cesse renouvelé. Je peux vivre complètement l'abandon de l'expiration. Laissez-vous renouveler. Ne soyez plus une mare croupissante mais un fleuve qui ne cesse de couler, « une eau vive ». La source de la vie ne cesse pas de jaillir en nous et elle s'exprime d'abord, pour nous, par la respiration. Ce n'est pas nous qui respirons, c'est la Vie qui respire en nous et, en nous donnant à la respiration, nous nous donnons à la Vie elle-même. Sans pensée inutile, sans romantisme mystique, sentez : « Je meurs à chaque expiration, je renais à chaque inspiration »... Et la Vie éternelle c'est ce jeu de naissance, de mort, de mort, de naissance, fête de la nouveauté, fête du renouvellement. Moins vous vous protégez, moins vous refusez de vous ouvrir à l'inspiration, de vous donner à l'expiration, plus vous vous sentez assuré intérieurement, libre de la crainte, parce que plus vous vous sentez vivant. La crainte c'est toujours la crainte d'être détruit et plus vous vous livrez à la respiration, plus vous vous sentez indestructible au cœur même de ce double mouvement.

Ce n'est pas seulement le corps qui est concerné, c'est le sentiment, le cœur. Respirez religieusement. Fondez-vous dans votre respiration. Ne mettez pas de distance entre la respiration et vous. Si vous devenez la respiration, s'il n'y a plus que la respiration, c'est déjà une expérience d'un premier état libre de l'ego. La respiration est le premier antidote du mental. Si vous êtes votre respiration, vous êtes la Vie et la tête ne pense plus. Vous vous ressentez de moins en moins comme matière et de plus en plus comme énergie. Adhérer à la respiration, c'est la première démarche pour adhérer à l'existence en elle-même.

Le mental vous ferme. Il refuse, il se protège, il ne veut pas donner, il a peur de perdre, il retient. Lâchez, lâchez de plus en plus et accueillez la nouveauté avec chaque inspiration. Dites « oui » à ce qui vient, « oui » à ce qui viendra, et vivez sans peur. Une existence humaine commence avec une première inspiration et s'achève avec une dernière expiration. Et la vraie vie, la seule vraie vie, c'est un OUI total et permanent à la naissance et à la mort. La vie c'est ce qui ne cesse pas de mourir, de naître, de mourir, de naître. Mais la vie est éternelle. Sentez ce qu'il y a de petit, mesquin, étroit, à ne pas s'ouvrir de tout son être à l'inspiration et à ne pas s'abandonner de tout son être à l'expiration. Respirer c'est se donner, accueillir, se laisser emplir et tout abandonner. Et, physiologiquement et psychologiquement, vous n'allez pas jusqu'au bout de l'inspiration, vous n'allez pas jusqu'au bout de l'expiration, vous vivez dans un sentiment d'étouffement.

Nous menons des vies étouffantes parce que nous ne respirons pas vraiment. Nous ne respirons vraiment ni du point de vue du corps physique, ni du point de vue du corps subtil. Ce ne sont plus les poumons, c'est l'être entier qui devient inspiration et qui devient expiration, qui est sans cesse renouvelé.

***

Prenez bien conscience – une conscience qui n'est pas là, ordinairement – de vous-même, dans votre condition présente, de ce que vous pouvez ressentir, sans demander autre chose pour l'immédiat. C'est un surcroît de conscience : je ressens et plus je ressens, moins je pense. Acceptez complètement tout ce qui est là, à tous les niveaux, et détendez. Le relâchement, c'est le OUI du corps, c'est la non-peur, la non-protection et c'est une réconciliation avec la vie en général. Essayez de vous sentir complètement détendu, passez au-delà des craintes, des refus. Vous le pouvez. Si vous ne tentez pas, vous ne saurez jamais que vous pouvez. Inversez le mouvement de protection, de fermeture sur soi-même, de défensive. Laissez bien descendre tout le poids de votre présence dans le bassin et le bas-ventre. Le NON se situe dans le haut de la poitrine et le durcissement des épaules.

Lorsque le centre de gravité de votre présence est à sa place, approfondissez l'attitude de OUI, d'ouverture, de relâchement général et représentez-vous que toute la surface de votre être est perméable, n'est plus une barrière, une séparation, que l'air, le souffle, l'énergie subtile pénètre en vous à l'inspiration par chaque pore de la peau et que l'air vicié s'échappe de vous par chaque pore de la peau à l'expiration. Ne vous demandez pas si c'est possible ou non, tentez-le. Au départ, ce n'est qu'une représentation : je sens tout mon être perméable. Essayez que la surface de votre corps ne soit plus une séparation. Tentez de sentir que vous baignez dans un océan de prana, d'énergie subtile comme un poisson dans l'eau. Détendez complètement tout le visage, et essayez de sentir que le visage est perméable. Détendez toute la surface du dos. Ne bloquez jamais le dos pour mieux ouvrir le devant de la poitrine. Le dos doit être libre. Relâchez le dos, ne vous tenez pas abusivement droit et respirez à travers toute la surface du dos. Essayez de sentir le dos perméable. Ce n'est ni un mouvement de haut en bas, ni de bas en haut, c'est toute la surface du dos qui s'ouvre, le prana pénètre en vous par toute la surface du dos.

Inspirez de même par le bas du corps et les organes génitaux, en dehors de toute représentation érotique. C'est une part de notre être, associée à beaucoup d'éléments psychologiques, positifs ou négatifs. Pas de protection. Chaque part de notre être a sa place dans notre totalité et peut être détendue, vivifiée.

Portez particulièrement votre attention sur le bas du dos, le sacrum, et représentez-vous que cette part est perméable, comme si l'air pénétrait directement dans votre sacrum. Inspirez à travers le sacrum. Et surtout, dans les débuts de la pratique, revenez régulièrement au lâcher-prise profond dans le visage, dans les épaules, dans le haut du dos. Ces exercices vous demandent une finesse d'attention et il y a un risque que cette attention ramène une tension dans le haut du corps. Si votre attention faiblit, si vous n'avez aucune sensation, aucune perception, s'il n'y a rien pour accrocher votre attention, revenez au centrage dans le hara. Ce centrage est l'aspect actif de votre pratique puisqu'à l'expiration vous poussez le bas de l'abdomen vers le bas et en avant tout en gardant les épaules relâchées. Quand vous sentez que, par cette démarche plus active, vous avez retrouvé un enracinement, revenez à cette ouverture, à cette respiration, à travers toute la surface du corps ou à travers telle ou telle part de celui-ci. Il faut que, dans votre pratique, vous ayez l'habileté d'adapter les exercices que vous faites à la nécessité du moment, et que jamais des exercices de détente n'aboutissent à une tension quelque part. Et s'il y a une douleur quelque part, dites-lui « oui » de tout votre cœur.

Cette respiration à travers toute la surface de notre être est une mise en harmonie avec la totalité, avec la Vie universelle. C'est la vague qui essaie de retrouver l'océan. C'est le morceau de glace dans le lac qui fond et redevient lac sans que l'eau qui était devenue glace ait disparu pour autant. Vous n'êtes plus coupé de l'environnement, cet océan de prana dans lequel vous vivez. Vous communiquez, vous communiez, vous entrez en relation avec la totalité, l'Univers dont nous sommes une cellule. Vous devenez plus vaste, moins enfermé en vous-même, moins replié sur vous-même, vous faites partie d'une immense réalité, vous êtes porté, soutenu par la Vie universelle, vous pouvez accueillir et lâcher avec chaque inspiration et chaque expiration. Votre être même consiste à recevoir et à donner.

La Vie est en vous, elle vous sous-tend et vous soutient, cette Vie qui s'exprime d'abord pour vous par l'incessante respiration. Peu à peu la matérialité du corps physique se fait moins sentir. L'emprisonnement dans une forme limitée et parfois douloureuse se dissipe, et la respiration vous donne un sentiment d'immensité, comme si votre inspiration venait des confins de l'univers et votre expiration allait jusqu'aux confins de l'univers. Vous avez l'impression d'être uniquement une énergie immense. L'inspiration et l'expiration dépassent de loin la fonction physiologique. Votre respiration est seulement une petite part de la Respiration universelle.

***

Revenez à vous-même. Détendez toutes les tensions que vous pouvez détendre. Prenez conscience de vous, de votre état d'être, votre état d'esprit. Est-ce que je suis pleinement heureux, reposant en moi-même, sans souci pour l'avenir? Est-ce que rien ne me perturbe, ni du passé, ni du futur? Est-ce que je ressens la plénitude, le contentement, la paix? En prenant conscience de ces vérités de l'instant, si vous acceptez parfaitement ce qui est, déjà vous vous en détachez.

Il est tout à fait normal que vous espériez de la méditation et du silence intérieur un moment de paix, de plénitude, un moment heureux. Mais si ce moment heureux est simplement l'opposé d'un moment d'inquiétude, de souci, de peur, vous n'avez rien résolu. Dans la méditation, ce point doit être tout à fait clair. Vous ne pouvez pas chercher simplement une sérénité qui serait une fuite et qui tenterait de nier les difficultés de l'existence. Nous cherchons une paix qui transcende l'opposition ordinaire heureux-malheureux, qui intègre la totalité de la réalité. Ne fuyez pas l'aspect douloureux de l'existence. Ce que vous allez découvrir se situe à un niveau plus profond que l'alternance : j'aime ou je n'aime pas.

Pas de méditation partielle fondée sur l'exclusion : la spiritualité contre le matérialisme, la paix des profondeurs contre l'agitation du dehors. La méditation est une réconciliation avec la totalité de la vie. Et seule cette réconciliation permet un dépassement, une transcendance. Je ne refuse rien, je cherche plus profond en moi.

A cette attitude générale et fondamentale, la respiration pendant la méditation peut beaucoup vous aider. Quand vous inspirez ou, du moins, quand l'inspiration s'accomplit, vous acceptez de vous ouvrir à tous les aspects de la réalité, de ne plus vivre dans la protection, la défensive et le refus. Et quand vous expirez, quand l'expiration se produit, vous ne retenez rien. Vous ouvrez les mains, vous donnez, vous offrez, vous vous laissez vider sans restriction. A l'inspiration, ressentez que vous pouvez vous ouvrir, accueillir tout ce qui se présente parce que vous allez dépasser ou transcender l'opposition bon et mauvais, heureux et malheureux. A l'inspiration ne résistez à rien, ne refusez rien. Ouvrez-vous de tout votre être. Certes, nous accueillons l'oxygène, le prana, et même le souffle du Saint-Esprit, mais vous êtes prêt à accueillir tous les aspects de la réalité. Rendez-vous perméable de partout à l'inspiration, sans aucune défense, résistance, protection. Et en même temps, ressentez sans crainte que vous pouvez accueillir, que vous ne serez pas détruit. Vous pouvez, comme dit le tantrayana, digérer tous les poisons, pourvu que vous les absorbiez consciemment, avec vigilance.

Essayez de sentir cette attitude fondamentale d'ouverture et de non-protection avec chaque inspiration. Que signifie la parole du Christ : si l'on vous frappe sur une joue, tendez l'autre? Je ne vis plus sur la défensive, dans la protection. Frappez, frappez, je n'ai pas peur, je peux accueillir les coups. Avec chaque inspiration, devenez entièrement accueil. Représentez-vous que vous pouvez accueillir et laisser passer, ne garder en vous que ce qui est nourriture, et que toute expérience, même douloureuse, peut être transformée en nourriture pour votre croissance intérieure. Et à l'expiration, sentez : je laisse le prana, la nourriture subtile se répandre dans tout mon organisme et, en même temps, je me vide, je me laisse vider. Dieu donne, Dieu reprend. J'offre tout loyalement, sans tricher, et je m'offre moi-même avec chaque expiration, comme si je ne gardais rien pour moi. C'est une attitude intérieure d'abandon de tout ce que l'on possède et tout ce que l'on est.

Une nouvelle inspiration vous est donnée. C'est un grand enseignement. Offrez tout à l'expiration, tout votre être, et tout va vous être rendu à l'inspiration. Mais ce qui vous est rendu n'est pas ce que vous avez perdu. Physiquement, vous avez expiré le gaz carbonique, vous inspirez maintenant l'oxygène. C'est un renouvellement, et il en est de même au niveau spirituel. Recevoir, donner, accueillir, assimiler, éliminer, est le mouvement de la vie. Essayez de le vivre de tout votre être. L'existence dans l'ego, à travers le mental, consiste à se protéger pour éviter de recevoir tout ce que nous n'aimons pas et à se crisper pour garder tout ce que nous avons peur de perdre. Et dans cette attitude, nous sommes totalement perdants : jamais la sérénité, jamais la paix, jamais le repos, jamais la véritable détente, jamais la béatitude ici et maintenant ne nous échoieront.

Les yogis considèrent la respiration comme un rituel et un sacrifice *(yajna)* : pas seulement offrir différentes substances dans le feu, tout offrir à l'expiration, s'offrir soi-même à l'inspiration, c'est alors nous qui devenons le feu dans lequel sont jetées les offrandes. Avec chaque inspiration, ressentez : je peux tout accueillir, je peux accueillir une critique, je peux accueillir une mauvaise nouvelle. Ouvrez toujours, c'est toujours Dieu qui frappe à la porte. Et à l'expiration, desserrez les mains. Ne soyez plus un avare. Les psychologues ont confirmé que cette attitude d'avarice pouvait conduire jusqu'à la constipation : ne même pas oser rendre les excréments à la nature, de peur de perdre quelque chose. Avec chaque respiration, acceptez que l'existence puisse vous prendre ce que vous aimez, acceptez que l'existence puisse vous donner ce à quoi vous ne vous attendiez pas. Laissez partir les souffrances, les rancunes, les amertumes. Donnez tout le poids du passé avec chaque expiration, donnez ce vous-même auquel vous êtes attaché avec vos limitations, vos peurs, et laissez-vous renouveler à l'inspiration.

Ne méditez jamais contre le mouvement de l'existence. Ne reniez pas l'existence pour pénétrer dans le temple intérieur. Méditez dans l'acceptation, dans la communion, méditez dans le mouvement et, par là même, soyez vivant, sans cesse renouvelé et libre. La méditation ne peut pas être : je choisis le grand silence de l'immobilité contre les perturbations. Choisissez ce qui est en deçà de cette opposition, en deçà de cette contradiction, ce qui est d'un autre niveau. Mais soyez sans crainte de ce qui, en vous, peut résister à cet abandon, à cette ouverture. Il se peut que, même en cherchant loyalement à tout accueillir à l'inspiration et tout donner à l'expiration, au lieu d'être de plus en plus détendu, vous réalisiez que de nouvelles tensions s'affirment ici ou là dans votre corps. Une part de vous prend peur, résiste. Acceptez et essayez tranquillement de convaincre, d'apprivoiser ces tensions. Ne vous tendez pas de mécontentement de vous sentir tendu. Rassurez vos tensions, apaisez-les. Convainquez-les que vous cherchez votre vrai bien, celui qui ne vacillera plus jamais. Convainquez-les que vous allez pouvoir vivre sans peur, sans crainte pour l'avenir, libre du passé. Vous ne savez pas ce que vous perdez dans l'attitude de protection et de refus de lâcher. Et si vous saviez ce qui vous attend, vous ne seriez plus qu'ouverture et lâcher-prise. Laissez grandir la vie en vous, la vie surabondante comme dit l'Évangile. En refusant d'accueillir ce qui ne vous convient pas, vous atrophiez votre existence. En vous cramponnant à ce que vous avez peur de perdre, vous atrophiez votre existence. Respirez ample, vivez ample. Laissez la respiration respirer en vous et laissez la joie vivre en vous.

Et que votre joie demeure.

TABLE DES MATIÈRES

Cet ouvrage a été réalisé sur
Système Cameron
par la SOCIÉTÉ NOUVELLE FIRMIN-DIDOT
Mesnil-sur-l'Estrée
pour le compte des Éditions de la Table Ronde
le 5 février 1990

Imprimé en France
Dépôt légal : février 1990
N° d'édition : 2510 – N° d'impression : 14043